教育部人文社会科学研究青年项目资助
题名：俱乐部培养运动员风险的计量体系构建与防范机制研究
批准号：15YJC890045

俱乐部培养运动员风险的计量体系构建与防范机制研究

张 沁 孔庆波 著

北京体育大学出版社

策划编辑：吴　珂
责任编辑：吴　珂
责任校对：田　露
版式设计：李　鹤

图书在版编目（CIP）数据

俱乐部培养运动员风险的计量体系构建与防范机制研究 / 张沁, 孔庆波著. -- 北京 : 北京体育大学出版社,2021.3
ISBN 978-7-5644-3236-2

Ⅰ. ①俱… Ⅱ. ①张… ②孔… Ⅲ. ①职业体育－俱乐部－运动员－人才培养－风险管理－研究－中国 Ⅳ. ①G812.16②G812.5

中国版本图书馆CIP数据核字(2019)第225746号

俱乐部培养运动员风险的计量体系构建与防范机制研究
张　沁　孔庆波　著

出版发行：北京体育大学出版社
地　　址：北京海淀区农大南路1号院2号楼2层办公B-212
邮　　编：100084
网　　址：http://cbs.bsu.edu.cn
发 行 部：010-62989320
邮 购 部：北京体育大学出版社读者服务部 010-62989432
印　　刷：北京虎彩文化传播有限公司
开　　本：710mm × 1000mm　1/16
成品尺寸：170mm × 240mm
印　　张：10.25
字　　数：155千字
版　　次：2021年3月第1版
印　　次：2021年3月第1次印刷
定　　价：60.00元

前　言

改革开放以来，我国社会经济发展取得巨大成就，国民生活水平和生活质量显著提高，随之而来的是居民消费观念和生活方式的悄然变化。经济基础决定上层建筑，随着人民生活水平不断提高，如今体育文化消费已经融入人民生活之中。不断增长的体育文化需求，加之国外先进体育文化不断传入国内，使我国近年来兴起了职业体育发展热潮。作为职业体育赛事发展的基本载体，随着职业体育产业不断发展，各种形式的体育俱乐部相继产生。运动员作为职业体育组成的核心要素，运动员人力资本投资必定是各职业体育俱乐部发展所需的首要工作。而人力资本投资属于典型的高风险投资类型，运动员人力资本投资更是如此，因此，对运动员人力资本投资风险进行有效规避和管理是职业体育俱乐部发展需要解决的首要难题。本研究运用文献资料、专家访谈、实地调查等研究方法，以俱乐部培养运动员风险为研究对象，旨在构建俱乐部培养运动员风险的计量体系与风险的预防机制。

整个研究报告分为六章。

第一章是导论。导论部分对研究问题的提出背景和依据进行了阐述。分别对课题研究的理论价值和实际应用价值、研究的方法与技术路线、课题研究的创新点与重难点、研究的目标与主要内容等进行详细论述。

第二章是俱乐部培养运动员风险相关理论及文献研究综述。此部分内容对相关人力资本投资理论进行整体把握，有利于初步了解俱乐部培养运动员的研究状况，发现研究不足。具体从国内外人力资本理论相关研究、国内外风险管理理论相关研究及国内外俱乐部培养运动员风险相关研究等内容进行描述。其中，国内外俱乐部培养运动员风险相关文献涉及俱乐部培养运动员相关概念界定、风险来源及影响因素、风险的评估与计量体系研究、风险的规避与防范机制研究等内容。

第三章是俱乐部培养运动员风险的理论基础及风险属性。分析可见，俱乐部具有企业性质，俱乐部运动员具有人力资本性质，俱乐部培养运动员具有人力资本投资性质，俱乐部培养运动员的风险属于典型的商业投资风险。俱乐部培养运动员风险的主要来源及类型总体包括环境层面风险、俱乐部管理风险、运动员层面风险三个方面。俱乐部培养运动员风险表现出多种特征，主要有复杂性、难以预见性、多样性、规律性和可控与不可控的双重属性等。而其风险形成原因主要有运动员的主观意识、竞技体育活动的特殊性、人力资本投资活动的复杂性、人力资本投资多因素相关性等。

第四章是俱乐部培养运动员风险的计量体系构建。本章主要运用文献资料法、专家访谈法、AHP（层次分析法）及VaR（风险价值）处理技术等方法，在遵循全面系统性原则、简明科学性原则和可行性原则的基础上构建了俱乐部培养运动员风险的计量体系与评估标准。整个风险计量体系最终确立了6个一级指标、37个二级指标和143个三级指标，通过这些指标可以对当前运动员培养风险进行较为科学、全面的计量与评估。

第五章是俱乐部培养运动员风险的分析与防范。本章内容主要在俱乐部培养运动员风险计量体系的基础上，结合SWOT分析方法对当前俱乐部培养运动员的收益绩效、风险情况进行了分析，并有针对性地构建了运动员培养风险的防范机制。

第六章是结论与建议。本章是对课题研究成果的总结，并提出了可行的改善建议。

目录
Contents

第一章 导论

一、问题的提出

随着经济全球化趋势的不断加强，知识经济逐渐成为推动世界各国经济社会发展的新的增长点。面对新的经济增长结构不断调整的环境，承载知识、技能的重要载体——人，不仅是一种重要的生产资源，更成为一种资本类型汇聚到企业的生存发展中，决定着企业经营效益的实现。从根本上来说，人力资源的拥有程度已经成为当今世界各国衡量综合国力的核心要素。谁拥有高竞争力的人才，谁就在激烈的市场经济环境中获得了主动权。新形势下，世界各国的各行各业普遍出现了几乎一致的认识，即重视人力资本投资。对于任何类型的企业和组织而言，人力资本投资在日常经济管理活动中的地位越来越重要。因此，在各个企业中，尤其是大中型企业内部，企业的管理者纷纷注意到人力资本对企业发展的重要性。开始从经济学和管理学的视角，结合企业自身的固有特点开展各种人力资本投资活动，以期提高企业的经济效益。

然而，值得注意的是，人力资本相对于物质资本而言具有自身固有的一些不可忽视的特性，如人力资本载体的主观能动性、人力资本产权性质表现的排他性、人力资本固有的潜在竞争性、人力资本投资收益获得的间接性和长期性及人力资本固有的异质性等。人力资本固有的这些特性使人力资本投资收益的获得过程和结果变得复杂化，相比物质资本效益获得的显性特征其具有更加难以预测和不确定的特点。人力资本和人力资本投资固有的诸多特性，意味着企业投资人力资本风险性的存在。目前，人力资本投资风险的预测和评估成为企业管理面临的首要难题，使众多企业管理者在企业经营活动的管理中表现出担忧，如人才跳槽的风险、人才培训成本的风险及人才效益实现的风险等。就如人力资本理论的创始人舒尔茨对人力资本概念的定义所述一样，即“人力资本是体现于劳动者身上的知识、技能和体力所构成的资本类型，是长期有计划的投资所形成的产物，从开始投资就决定了其属于一种典型的预支性收入，这种预支性主要表现于投资者对未来收益获得的不确定性”，也就是所谓的风险，因而需要进行风险管理。可见，风险管理对于企业投资人力资本预期收益顺利获得具有重要作用。

职业体育俱乐部属于典型的商业性企业组织，对其而言，投资的核心人力资本便是运动员。运动员人力资本的培养（投资）同样需要企业和运动员自身承担预期收益实现的风险，这就成为本课题研究的基本逻辑起点。改革开放以来，伴随世界经济、文化全球化趋势的不断提升，风靡于西方发达资本主义国家的体育文化、体育经济与产业逐渐走进国门，并得到广泛的传播和发展，此趋势在北京奥运会后发展得更为迅猛。经过几十年的发展，我国体育产业与经济已逐渐成为推动我国经济社会发展的重要动力，尤其是“加快发展体育产业　促进体育消费”和建设“健康中国”上升为国家战略后，我国职业体育发展必将迎来新的发展机遇。在职业体育迅猛发展的宏观背景下，职业体育俱乐部必将成为一种主流形式推动着我国职业体育的发展。但是，在我国广泛兴起的体育俱乐部普遍对运动员培养风险的认识不足，使众多俱乐部因为担忧承担运动员培养风险而阻碍了其发展壮大。当前俱乐部培养运动员的风险主要表现为运动员选材风险、训练风险、参赛风险、流动风险、培养信用风险及人力资本贬值风险等。由于运动员人力资本投资属于一种长期性、风险大、效益获得慢的投资，让俱乐部运动员培养风险的管理变得十分复杂，导致我国当前俱乐部培养运动员风险管理缺乏有效经验。而目前学术界对俱乐部运动员培养风险管理的专门微观研究还鲜有涉及，基于此，本课题立足当前俱乐部培养运动员的风险管理问题进行研究，旨在提出有针对性的解决措施。

二、问题研究的价值

（一）选题的理论价值

人力资本理论自20世纪60年代创立以来，得到了长足的发展，在人力资本与个人收入分配、人力资本与经济增长，人力资本与反贫困、人力资本投资等领域都取得了丰硕的研究成果，形成了一套较为完整的理论体系。在经济、文化全球化发展的当今社会，运动员培养尤其是俱乐部培养职业运动员作为全球存在的一种热门现象，已经成为一类热门的人力资本投资，对一个国家经济社会发展的影响也日益显现。但迄今为止，国外学者们大多从宏观角度对运动员人力资本投资进行了经济学属性的分析和论证，而基于俱乐部产业及企业视角进行全面、系统的运动员人力资本投资的研究仍然不多；近年来，国内在运动员人力资本投资理论方面的研究也取得了一些成果，这些成果主要集中于运动员人力资本的产权属性、运动员人力资本的价值及运动员人力资本的管理等领域。与国外相比，我国的运动员人力资本研究显然是十分薄弱的，主要停留于宏观上的定性分析，而有关此方面的定量研究还比较少见。

综上所述，本课题以当前我国刚起步的俱乐部培养运动员风险规避与防范为研究对象，运用定量与定性相结合的分析方法对俱乐部培养运动员风险进行深入、系统的剖析。课题研究的初衷是帮助俱乐部在投资、运营方面实现运动员培养风险最小化、收益最大化的目的，以把握新环境下运动员培养的发展方向和机遇，迎接后奥运时期运动员培养的挑战。显然，无论是从课题研究视角、内容的选择还是从研究方法的运用视角进行审视，本研究都具有重大的理论价值。具体理论贡献有如下几方面：①量化俱乐部培养运动员过程中出现的不确定消极因素，构建风险计量体系；②构建俱乐部培养运动员风险趋向最小化的开发与管理体系；③依据风险因子权重，帮助俱乐部制定切实可行的预防措施与防范机制；④完善俱乐部运动员培养的投资机制、运作机制、增值服务和激励约束机制；⑤促进俱乐部建立“合理投资、充分营资、有效控资”的管理体系。

（二）选题的实际应用价值

人力资本作为一种高收益资本的同时也是一种典型的高风险资本，这已经为人力资本的投资实践所证实。20世纪90年代以来，尤其是自2008年北京奥运会举办以后，职业体育在我国迅速兴起，运动员人力资本投资规模不断扩大。但作为刚起步的体育俱乐部产业来讲，其发展并不顺利，俱乐部有关人力资本的投资与收益比例与西方发达国家相比还存在不小的差距。投资与产出的严重不平衡，成为当前我国俱乐部体育发展的重要瓶颈。究其原因，运动员是俱乐部体育发展的重要人力资本投资，对运动员人力资本投资的风险识别与规避不清，造成俱乐部对运动员培养风险缺乏有效的识别与管控，这也正是俱乐部体育发展亟待解决的问题。

所以，困扰我国俱乐部体育发展的关键问题在于科学进行人力资本投资，而俱乐部人力资本投资的重中之重则是科学、系统地认识运动员人力资本投资的风险。而当前急需解决的也正是用科学的人力资本投资风险管理理论和方法去指导俱乐部培养运动员的人力资本投资。从此角度来看，本课题研究从宏观和微观两个层面对俱乐部培养运动员风险问题进行探讨，具有重大的实际应用价值。一方面，宏观层面涉及运动员培养风险与社会发展、转型变革及资源全球化等社会环境的关系。另一方面，微观层面涉及运动员培养风险与收益核算、风险计量、防范体系构建的具体操作方法。根据均衡理论，以大型俱乐部为调研对象，依托系统动力学方程，从俱乐部、环境、运动员三个维度的多个方面研究运动员培养的风险因素，分析不同项目俱乐部运动员培养的风险特征；对俱乐部培养运动员的风险进行综合评估、量化并运用Vensim软件仿真，构建运动员培养的风险计量体系，制定俱乐部培养运动员风险的防范机制。依据量化风险体系，分析培养运动员风险的各影响因子，建立其风险防范体系，制定培养运动员风险防范的具体措施。

综上，本课题最终研究成果，对于规范我国俱乐部培养运动员的人力资本投资管理，科学、系统地规避运动员培养风险，降低俱乐部投资运动员培养决策的盲目性，以及提升全民素质都具有重要的价值。

三、研究方法和技术思路

（一）研究方法

以大连实德、鲁能泰山、天津泰达、上海申花、重庆力帆、江苏南钢、辽宁盼盼、浙江广厦、广州恒大、新疆广汇10个大型俱乐部为研究对象，主要采用文献资料法、专家访谈法、风险评估法、风险应对法、逻辑分析法五种研究方法。

1. 文献资料法

通过中国知网、各种网络和图书馆等途径，搜集、整理职业体育、俱乐部运动员培养、人力资本理论、人力资本投资风险管理及运动员培养风险的相关论著、论文等文献资料，依据当前我国职业体育发展状况和俱乐部培养运动员情况及风险等事实，对以俱乐部培养运动员的风险评估、规避与防范等研究内容进行反思与重构。

2. 专家访谈法

就俱乐部培养运动员风险的来源、影响因素及计量指标的选择等方面的问题对相关专家进行深入访谈，经过笔者对初步指标的确立，专家的一轮、二轮筛选，最终确定俱乐部培养运动员风险的计量体系。依据计量体系采用态势分析法（以下称SWOT矩阵分析法）对当前俱乐部培养运动员的风险类型进行分析，最终制定有针对性的预防机制。

3. 风险评估法

AHP（层次分析法）是一种用于分析复杂系统中各个因素相互关系的统计研究方法。运用该方法对俱乐部运动员培养风险建立模糊模型进行系统要素分解，将这些要素划分为不同结构和层次的模型，对每一层次进行两两比较判定，对于相对重要的指标建立判断矩阵，通过判断矩阵的最大值以及相应特征向量得到各个层次某些要素的权重向量。

4. 风险应对法

运用SWOT矩阵分析法对我国俱乐部培养运动员的风险规避对策进行矩阵分析，将外部机会与威胁、内部优势与劣势相匹配，最终得到四种匹配结果，以此对后备人才的培养风险进行理论分析，并提出相应的规避方法和策略。

5. 逻辑分析法

采用逻辑分析法对我国当前俱乐部运动员培养环境以及培养中存在的问题及影响因素进行探讨，归纳各种风险因素，并有针对性地分析相应的风险规避策略。

（二）研究技术思路

本课题首先研究的内容是人力资本方面的基本理论分析与核算体系的建立。这部分构成本课题的理论基础和逻辑起点。

其次是构建俱乐部培养运动员的风险计量体系。在一般均衡理论框架内，选取广州恒大、鲁能泰山、上海申花、重庆力帆、辽宁盼盼、浙江广厦、新疆广汇等10所大型俱乐部为调研对象，研究并分析运动员培养的风险因素，构建运动员培养的风险计量体系。

再次是制定俱乐部培养运动员风险的防范机制。依据第二步研究中量化的风险体系，从防范的角度分析俱乐部在培养运动员过程中存在的各影响因子，建立其风险防范体系，制定俱乐部培养运动员风险防范的具体措施。

最后，得出结论性成果。

具体研究思路框架如下（图1）。

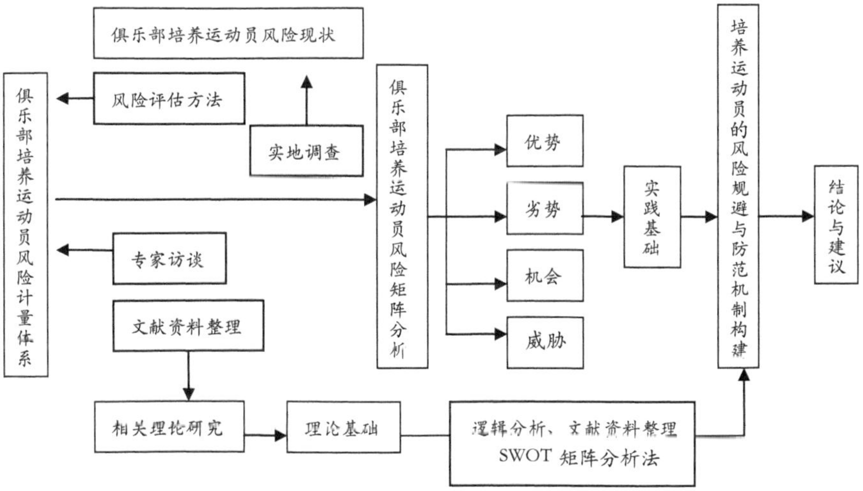

图1 研究思路框架

（三）课题创新点

研究视角创新。受“举国体制”的影响，俱乐部培养运动员风险问题被很多人忽视，本课题提出的运动员培养风险计量体系构建与防范机制研究，符合当前我国竞技体育职业化、市场化、商业化的要求，为新时期俱乐部降低运动员培养风险提供科研保障。

研究内容创新。课题首次将运动员培养的各种风险进行分类、量化，并计算出各风险因子的权重大小，使俱乐部能够清晰地认识到首要防范因子与次要防范因子、直接防范因子与间接防范因子、主观防范因子与客观防范因子的区别。

（四）课题研究重、难点

定量研究俱乐部培养运动员风险及从管理的角度研究其防范机制是本课题研究的重点。运动员培养具有周期长、不间断性等特点，这种风险与社会环境、俱乐部管理体系、培养对象的主观能动性有直接关系。而本课题设计的运动员培养风险计量体系将依据俱乐部类别、运动项目、运动员个体差异来合理地衡量风险因素的权重范围及其排序。

抽象系统动力学方程、Vensim软件仿真在这一动态过程中的合理运用与有效结合，是本课题研究的难点。俱乐部培养运动员是一个不间断的动态过程，其风险在很大程度上存在不确定性、多态性和长期性，运动员培养风险虽然兼具动态性与不可控性的特点，但仍可判断、预测和确定，并能依据劳动价值论、人力资本投资理论，借助系统动力学方程、运用Vensim软件仿真及现代科技运算手段，进行运动员培养收益核算体系和风险计量体系的构建。

四、研究目标与主要研究内容

（一）研究目标

本课题从宏观和微观两个层面对俱乐部培养运动员风险问题进行探讨：宏观层面涉及运动员培养风险与社会发展、转型变革及资源全球化等社会环境的关系；微观层面涉及运动员培养风险与收益核算、风险计量、防范体系构建的具体操作方法。

具体目标如下：

（1）建立俱乐部培养运动员的风险的基本理论分析与核算体系。以劳动价值论、人力资本论为理论基础，应用现代科技运算手段，构建俱乐部培养运动员“成本—收益”核算体系并界定其影响因子。

（2）构建俱乐部培养运动员的风险计量体系。根据均衡理论，以大型俱乐部为调研对象，依托系统动力学方程，从俱乐部、环境、运动员三个维度的多个方面研究运动员培养的风险因素，分析不同项目俱乐部运动员培养的风险特征；对俱乐部培养运动员的风险进行综合评估、量化并运用Vensim软件仿真，构建运动员培养的风险计量体系。

（3）制定俱乐部培养运动员风险的防范机制。依据量化风险体系，分析俱乐部在培养运动员过程中存在的各影响因子，建立其风险防范体系，制定俱乐部培养运动员风险防范的具体措施。

（4）建立收益核算公式和理论，培养风险的影响因素与因子权重排序，风险计量体系与防范措施，新时期俱乐部培养运动员的方向和趋势等。

（二）主要研究内容

本课题的主要研究内容为运动员培养风险防范的具体措施。竞技体育本身就是一个高风险的行业，在俱乐部培养运动员的过程中，俱乐部投入了大量的人力、物力、财力等物质资本和时间、机会成本等非物质资本。所以运动员人力资本的收益如何分配是健全运动员人力资本投资体系和减少投资“收益不确定性”风险的关键问题。

研究内容细化如下：

（1）运动员培养风险的研究文献回顾。通过中国知网对2005—2015年有关职业俱乐部培养运动员风险的相关文献进行检索研究，发现俱乐部培养运动员风险的相关研究主要集中于三个方面：运动员培养风险的内涵研究、运动员培养风险的来源研究、运动员培养风险的防范机制研究。以上各方面研究均在我国俱乐部培养运动员方面起到巨大的理论和实践指导作用，但也凸显出一些问题，主要表现为：基于国外较为成熟的培养运动员风险研究，国内存在盲目照搬现象；国内相关研究较为陈旧，大部分观点缺乏时代性和实用性；多数研究立足于我国运动员培养的“举国体制”背景，已与当前我国竞技体育职业化、市场化的趋势不符；相关研究多数集中于俱乐部培养运动员风险分析的宏观层面，对于深层次的风险评估的定量研究极少；国内研究尚未认识到运动员培养主体的模式转型，缺乏风险防范机制的前瞻性研究。

（2）俱乐部培养运动员收益核算研究，完善俱乐部培养运动员风险的保障体系。俱乐部培养运动员成本构成分析；运动员培养成本与收益关系系统变量集构建研究；培养成本与收益的因果分析；合理收益核算公式和理论的构建研究。俱乐部应采取一系列措施对运动员的生活、入学、退役后安置和伤残保险等多方面进行有效的保障，形成完善的运动员保障体系，避免造成相关纠纷。

（3）培养运动员的新环境研究（新的运动员人力资源市场、“以人为本”的政治条件、经济增长方式的优化调整等）；培养运动员面临的挑战研究（全球化、柔性环境、运动员人才流动等）；培养运动员的发展趋势研究（投资挑战性、投资风险度等）。针对以上不确定因素，俱乐部与运动员的权利未受侵害之前或者由于权利问题所引起的纠纷未发生之前，为维护双方权利而采用多层次保障体系。

（4）俱乐部培养运动员风险的计量体系构建研究，形成俱乐部运动员培养权保障的救济体系。运动员培养风险类型的研究；社会环境带来的风险分析；俱乐部自身产生的风险分析；运动员产生的风险分析；体育运动本身的风险分析；运动员培养收益与风险定性、定量关系的研究；各风险因素的权重分析；运动员培养风险计量体系的构建。俱乐部和运动员针对以上风险要学会自我保护，与他人或组织发生权利纠纷后，为使自己的权利得以实现和归位，而采取寻求自身权利最终实现的途径。体育和解、体育调解、体育仲裁、体育法庭、体育诉讼仍应是运动员权利救济的实现途径，但应完善并使其具备可操作性。

（5）俱乐部培养运动员风险的防范机制研究，健全市场化的体育保险体系。研究针对两个模块：体系模块和机制模块。体系模块涉及社会环境、俱乐部和运动员三个层面的多个方面；机制模块以体系模块为依据，主要研究运动员培养风险防范的具体措施。具体做法是建立健全体育保险法律法规，及时制定相关的体育保险标准，使竞技体育保险体系有法可依。建立体育保险制度，健全运行机制，借鉴国外优秀的体育保险经验，以社会主义市场经济为主导，加强政府扶持力度，走一条低成本扩张之路。在竞技体育领域，为从事竞技体育事业者提供一定的保障，让参与体育运动的青少年也能在其运动生涯中受到全方位保护和权益保障。运动员的伤病、失业等情况的保障可以在竞技体育保险中体现，而保险额度则以低成本进行缴纳，让竞技体育保险真正为从事竞技体育的人服务。

（6）提出合理化的对策建议。本课题将建立俱乐部运动员培养风险收益核算公式和理论，对俱乐部运动员培养风险的影响因素与因子权重进行排序，并构建俱乐部运动员培养风险计量体系与防范措施，对新时期俱乐部培养运动员的方向和趋势提出建议和预测。

第二章 俱乐部培养运动员风险相关理论及文献研究综述

一、国内外人力资本理论研究综述

人力资本理论是研究社会经济活动中的人的价值，探索人力资本的内涵、特征、形成过程，人力资本投资形式及投资成本与收益分配等相关问题的理论。人力资本是现代经济的第一生产要素，无论何种经济和社会形态，劳动能力都是决定个人、组织以至整个民族存在与发展的关键因素[1]。所谓人力资本，是指体现于劳动者身上，通过投资形成并由劳动者的知识、技能和体力所构成的资本[2]。生产人力资本的制度，是由一系列正式和非正式规则构成的系统结构，这一制度结构，置身于国家、经济、知识和文化四种要素组成的制度环境之中，是一个与环境不断发生物质、能力和信息交换的开放系统[3]。人力资本理论是俱乐部运动员培养风险研究的理论基础，尤其是人力资本投资中的风险管理理论，直接为本课题的开展提供了理论支撑。因此，俱乐部培养运动员风险的计量体系构建与防范机制研究的前提，是对相关人力资本理论进行的系统、全面的把握。

（一）国外人力资本理论的研究

国外有关人力资本理论的研究可以分为三个阶段：第一阶段是20世纪60

年代至70年代，第二阶段是20世纪70年代至90年代，第三阶段是20世纪90年代至今。

1. 第一阶段：20世纪60年代至70年代

这一时期，由于西方资本理论发生重大转变，促使了兴起于西方的人力资本理论的产生，即资本理论突破了传统的“资本只有物质资本”观点的束缚，首次将人力资本纳入资本的范畴，并增强了经济学对社会经济现象的解释，有力地推动了经济学发展。这一时期的人力资本理论认为，人的成本价值和投资价值二者共同构成了人的经济价值；人的经济价值主要来源于促进人的成长和劳动能力形成与维持所需要的成本，以及凝结在人体中的知识、技能等要素[4]。而人力资本理论的思想则源于亚当·斯密的经济思想，即他对人在社会生产中的经济价值的一系列阐述。马歇尔在对人力资本相关问题进行分析的基础上进一步指出，资本中最有价值的部分就是对人本身的投资；虽然人力资本很早就引起了众多经济学家的关注，但在长达50余年的时间里，人力资本理论却并没有被经济学的正统思想所吸纳。直至1960年，美国著名经济学家西奥多·W.舒尔茨在主题演讲《人力资本投资》中，首次较为深刻、系统地提出了人力资本理论，并引发了学术界的共鸣，标志着人力资本理论的正式创立。此外，同时期还有诸如爱德华·丹尼森等诸多学者也对人力资本理论进行了论述。

2. 第二阶段：20世纪70年代至90年代

这一时期，更多的学者加入到人力资本的研究中来，特别是20世纪80年代后“新经济增长理论”的代表人物罗伯特·E.卢卡斯和保罗·M.罗默，将人力资本融入生产函数模型中，确立了人力资本在经济增长中的重要性。他们把人力资本视为经济增长中最为重要的内生变量，尤其是认为人力资本存量和人力资本投资在推动经济增长过程中起显著作用。此外，他们试图通过对人力资本的分析，揭示人力资本投资的水平及其变化在各国经济增长率和人均收入水平提升中的影响，进而确定人力资本在经济增长和经济发展中的突出作用。

3. 第三阶段：20世纪90年代至今

随着经济全球化趋势的不断加强，知识和人才在社会生产力变革中的地位显得更加重要。这一时期，人力资本的研究视角和思路随着知识资本理论的兴起悄然发生了变化，涌现出一大批人力资本理论研究的学者，如艾德文森、加尔布雷斯、斯图尔特、沙利文等以知识资本理论为视角，侧重于阐述人力资本在知识资本理论中的功能，其目的在于进一步明确人力资本与结构性资本之间的相互关系。这一时期，研究者对人力资本特征和产权制度安排、人力资本投资风险管理、人力资本意义等方面进行了深入研究。可见，人力资本价值的实现必须依靠相应的结构性资本的支持，换句话说就是人力资本价值需要通过制度和组织的安排来促进人力资本价值的积累才能有效实现。

（二）国内人力资本理论的研究

随着我国对外开放水平的不断提高，国内相关研究逐渐跟上了国际人力资本理论的研究步伐，大规模的人力资本理论相关研究逐步开展。当前，相关研究主要集中于人力资本概念、内涵与特征方面的研究，人力资本理论的分析和评价的研究，以及人力资本与个人收益分配方面的研究这三个方面。总体来说，国内学者对于人力资本理论的研究较为薄弱，领域显得比较单一，研究成果也多集中于微观层面的分析，而对人力资本理论的核心理论分析还十分不足。

1. 关于人力资本概念、内涵与特征方面的研究

当前，国内多数学者对人力资本的定义都比较认同舒尔茨的观点，但也不是单纯地停留于此，而是进行了进一步的扩展和延伸。整体上看，国内专家学者对人力资本的定义都特别强调内涵与外延、广义与狭义、虚拟形态与实体形态的不同角度的考虑。同时，结合人力资本固有的特点，立足人力资

本的内容、人力资本的形成、人力资本的价值、人力与资本的结合等角度对人力资本概念进行定义，形成了多种概念，目前并未达成统一的认识。丁栋虹教授认为，根据不同的生产形态，有异质型人力资本和同质型人力资本概念之分。前者指的是在特定历史阶段中具有的边际报酬递增生产力形成的人力资本，后者指的是在特定历史阶段中具有的边际报酬递减生产力形成的人力资本[5]。李建民教授认为，人力资本应具有个体和群体之分。个体人力资本是指个体经过后天学习获得的具有经济价值的知识、技术、能力及健康等质量因素的总和；群体人力资本是指一个国家或地区的人口群体中，每一个体后天习得的含有经济价值的知识、技术、能力和健康等质量因素与整合[6]。李忠明则强调了人力资本的经济价值属性，他认为人力资本是高度抽象的一个概念，是指凝结在人体内，能够生产商品或服务，并以此获得收益的价值[7]。

2. 有关人力资本理论的分析和评价研究

随着人力资本理论在国内学术领域的广泛传播，我国学者从不同视角对其展开了进一步的分析、评价和讨论。国内学者普遍认同人力资本在促进经济增长中的重要作用，同时国内学者在进行人力资本理论分析的基础上，借鉴新经济增长的理论模型，采用了大量的定性和定量方法对我国人力资本的现实问题进行了剖析。虽然相关统计数据、资料的获得具有很大的难度，但经过广大专家、学者的努力，尝试性地建立了基本的人力资本经济模型。经过长期的积累和研究，如今也取得了一些成就，为我国人力资本投资相关的实际问题的解决提供了重要的理论和实践指导。

3. 关于人力资本与个人收益分配方面的研究

国内关于人力资本与个人收益分配方面的研究主要集中于20世纪90年代以后，其起点是国内公司关于治理结构中人力资本所有者是否是企业所有权主体的大讨论过程。我国学者从人力资本与其所有者不可分离的关系角度出发，得出了与国外观点完全相反的结论。张维迎等认为，非人力资本的所有者是企业完全所有权的拥有者，即“资本雇佣劳动”是企业永恒不变的命题，人力资本的所有者分享企业的所有权。牛德生、工学武等学者基于逻辑认证和转化现实条件的角度，认为即使是在社会主义市场经济条件下，资本雇佣劳动仍是主要形式，占据劳动雇佣形式的主体部分。人力资本持股、管理层收购没有从根本上转变利益分配方式。周其仁则认为，“资本雇佣劳动”是市场经济的发展趋势，人力资本具有参与分配的特权。同样，方竹兰认为，非人力资本的所有者在市场经济中更容易规避风险，而人力资本由于其专用性和团队性使其成为企业风险最终的承担者，因而应为“劳动雇佣资本”，且人力资本所有者拥有企业所有权将是未来的一种趋势。关于人力资本的收益分配问题，徐国君、夏虹则认为，个人收入的分配原则是按生产要素分配，也就是按人力资本在社会财富创造过程中的贡献大小和物力资本价值增值过程中的条件作用来分配的，提高人力资本开发与使用效率途径的唯一方法就是满足人力资本的收益要求，即强调工资激励机制的重要性，如美国流行的“自由竞争”和“充分报酬”原则。

综观当前我国学术界有关人力资本理论相关方面的研究，可以得出：我国学者在人力资本理论方面取得的研究成果多集中于微观领域，而对人力资本的核心理论研究鲜有涉及。

二、风险管理理论的国内外研究状况

目前国内外有关风险管理理论的研究主要集中于泛风险研究、风险分析技术研究、风险管理研究三个方面。俱乐部培养运动员风险管理的研究将充分吸收和借鉴这些理论，提升研究方法、过程及结果的科学性、可行性。

（一）国外风险管理理论研究

1. 泛风险研究

这一研究主要是对无具体指向性的风险研究，包括风险的定义、性质、分类等基础性研究。“风险”一词在社会各行各业都被广泛运用，因而风险的概念目前学界并未达成共识。有关风险的概念最早于1901年由美国学者威雷特提出，他认为风险是关于不愿发生的事件发生的不确定性的客观体现。从其概念中就可以看出，风险具有客观性和本质的不确定性特征。1921年，美国学者奈特在《风险、不确定性和利润》一书中进一步明确了风险与不确定性之间的区别，同时指出风险是可用概率测定的不确定性，而不确定性的概率又是不可预测的。1964年，美国学者威廉姆斯和汉斯在《风险与保险》一文中将人的主观因素引入风险分析，认为风险虽然是客观存在的，但不确定性却是因为人的主观性而提出来的，相同的风险在不同的人眼中则可能存在不同。20世纪80年代初，日本学者武井勋对风险的概念做出新的界定，认为风险是指在特定环境、特定时期自然存在的导致经济损失的变化。可见，无论是从何种角度，多数学者都认同风险具有客观性、普遍性和不确定性的特征。

有关风险的分类，美国学者马伯莱将经济活动中的风险分为纯粹风险和投机风险，指出纯粹风险是只有损失而无获利的风险类型，投机风险是指损失和获利都存在可能的风险。同样，美国风险学家维兰托认为风险有静态风险和动态风险之分。其中，静态风险是指由于自然力量的非常变动或人类行为的错误导致损失的风险类型；动态风险是指基于社会某一因素的突然变动而引发损失出现的一种情况，这些因素如政治、经济、文化、市场、政策等。日本风险管理学者龟井利明指出，风险管理未来的方向应该是从纯粹风险管理向投机风险管理转变，由保险型风险管理向经营型风险管理转变。

2. 风险分析技术研究

所谓风险分析就是指寻找风险幅度方面的信息，确定一旦风险成为现实将会造成的后果。风险分析最早起源于保险数学领域，后来借助计算技术而得到了快速发展。如今，风险分析已成为风险理论的一个重要分支。目前，在有关教材、著作和论文中经常被应用的方法有核对表法、专家调查法、蒙特卡洛方法、效用理论、期望货币值法、期望净显值法、决策矩阵法、贝叶斯决策、概率风险分析、模糊决策法、事故树分析法、敏感性分析、AHP（层次分析法）、多目标决策方法等。这些方法运用了数理统计、概率论、模糊数学、数字仿真、效用理论等多方面的知识，在提高分析水平的同时也提高了其运用难度，相对阻碍了它的普及应用。

3. 风险管理研究

由于客观需求的推动，风险研究首先出现于保险业，进而扩展到银行业、证券业等金融领域。风险管理最早由美国学者在1930年美国管理协会一次关于保险问题的会议上提出，英国经济学家莫伯瑞和布兰查德在1955年出版的《保险论》中首次对风险管理进行了系统的、全面的研究。目前，威廉姆斯和汉斯合著的《风险管理与保险》为欧美流行的风险管理教科书，它概括了风险管理与保险的整个领域，反映了当代风险管理与保险的理论和实务操作方法，以及这一领域的许多最新发展。此书将“风险管理”定义为根据组织的目标或目的，以最少的费用，通过风险识别、测定处理及风险控制技术把风险带来的不利影响降到最低程度的科学管理。

风险管理理论应用于企业始于1963年，当时由麦尔和海基斯合著的《企业风险管理理论》一书受到重视，由此美国保险协会也改名为美国“风险与保险管理协会”（RIMS），并创办了权威刊物《风险管理》，标志着风险管理在社会各行各业中得到广泛传播与应用。进入20世纪80年代，风险管理在企业中的应用取得了较为实质性的发展，据统计，当时有近4 000家企业设置了风险经理的岗位，可见企业对风险管理工作的重视程度。在日本，学术界引进了美国先进的风险管理理论，并在广泛实践的基础上进一步发展了风险管理理论。学者武井勋在《风险管理：风险管理与纯粹风险经济学提纲》一文中除了对美国的风险管理理论进行了大致的介绍外，还从风险本质的探索、风险内涵的阐释等方面做出一定的创新。龟井利明在《风险管理与实务》著作中指出，风险管理为企业经营的一种重要机能，并对其产生性质和原因做了进一步的说明，提出投机风险应该成为风险管理的对象之一。值得注意的是，德谷昌在对日本300余家上市企业进行调查的基础上，完成了《风险管理的理论与实践》一书。该著作对日本企业风险管理的现状和所存在的问题进行了较为系统的研究。

（二）国内风险管理理论的研究

由于历史原因，风险管理理论传播到我国的时间较晚。 通过查阅相关文献，发现当前我国无论是在风险研究方面，还是在管理理论实际运用方面的研究，与国外相比都存在不小的差距。目前，相关研究多数还处于引进、消化和吸收阶段，尤其是理论创新方面，由于我国传统科研都比较注重实际技术的研究，因此基础理论研究显得更为薄弱，对于风险管理理论的研究，学术界正处于刚刚起步的阶段，还有很长的路要走。加之风险研究学科交叉性突出的缘故，其在我国学术界近年来也逐渐引起了重视。我国学者在企业风险管理、风险评估、风险防范与预测等方面都取得了一些比较有意义的成果。但相对于国外有关风险理论基础、应用及学科交叉三方面的研究而言，我国学术界目前还缺乏较为全面、系统的综合研究，尤其是风险管理实务方面，相关研究更少。

三、国内外俱乐部培养运动员风险的相关文献研究

竞技体育不断走向职业化、市场化的同时，以营利为目的进行高风险商业开发活动的俱乐部，将成为培养运动员的主要投资实体。俱乐部获得高收益的同时，也意味着高代价的付出；由于政策变动、技术革新、成本折旧、利率调整等因素的存在，俱乐部能否获得高收益是不可预知的，必然存在高耗低产的风险；同时，不利于俱乐部收益的类似蒿俊闵“合同门”事件、上榜球员屡遭“截杀”事件、天津泰达球队罢训事件、周海滨转会事件、红河欠薪事件也层出不穷，深刻地反映出俱乐部管理体系不完善的同时，更意味

着俱乐部培养运动员存在种种风险。由此，保护俱乐部投资收益、进行俱乐部培养运动员风险的计量体系构建与防范机制的研究势在必行。对国外发达国家体育产业风险投资的发展现状与法律制度进行的分析研究（李平，2005），为我国政府有关部门建立和完善体育产业风险投资的相关法律提供理论参考；体育产业投资风险发展特征研究（Charts. A. Rucher，2005），对构建运动员权利保障体系的研究（韩新君，2005）提出了完善的运动员权利保障体系；我国竞技体育运动员的培养模式与风险投资研究（田学礼等，2011）提出，俱乐部型、社会资本型风险投资受到了投资者的关注，对丁俊晖等运动员进行的风险投资的成功带来的示范效应、风险投资的进步性等表明现阶段已具备风险投资竞技体育运动员的外围条件。国外对体育风险的研究主要集中在体育管理、体育赛事，运动员意外伤害等问题上，最早由荷兰学者（Van Loargoven，1983）创立及他提出用三角模糊数表示比较判断矩阵的方法并对元素进行了排序，确定权重。

运动员投资属于人力投资，而一般的人力投资相对于其他的物质和金融投资来说更具有风险性，特别是受运动伤病及运动天赋的影响，让运动员这种人力资本投资更具有风险性，但运动员是具有能动性的活动主体，其风险必然与运动员以及投资者有很大的关系。运动员的投资风险常常用其投资风险系数来表示。运动员的投资风险系数等于“运动员的投资风险／非运动员的人力资本投资风险”。国内外关于运动员培养风险研究可主要归纳为如下五个方面：① 俱乐部培养运动员风险的相关内涵研究；② 运动员培养风险来源的研究；③ 俱乐部培养运动员风险的规避与防范机制研究；④ 俱乐部培养运动员风险的评估方法研究；⑤ 俱乐部培养运动员风险的计量体系研究。

（一）俱乐部培养运动员风险的相关概念界定

近年来，随着我国体育经济产业的快速崛起和发展，西方成熟的职业体育经营模式开始引入国内，并逐渐得到政府及其相关体育俱乐部的认可。随着职业体育经营模式全球化趋势的不断加强，在俱乐部培养运动员的竞技体育模式普及化的过程中，学界也对此领域展开了广泛的相关理论研究，为我国竞技体育的商业化、职业化和市场化奠定了坚实的理论基础。通过在中国知网（CNKI）上对2005—2015年十年间的运动员培养风险的相关文献检索发现，学界对“职业体育俱乐部”“运动员培养风险”等学术概念内涵的阐释呈现出百家争鸣的繁荣景象。

体育俱乐部方面，杨建文、张虎祥认为，体育俱乐部是以体育爱好者自发性、自立性的结合为基础，为增进健康和促进相互间的协调和睦而进行持续性体育活动的组织[8]。周爱光、闫成栋认为，职业体育俱乐部一般指专门从事运动训练、竞赛和表演活动的具有独立法人资格的实体，除少数国家外，职业体育俱乐部一般都是经营性经济实体[9]。黄晓灵、黄菁从不同的角度对职业体育俱乐部进行了定义：从市场学角度，认为职业体育俱乐部包含三个方面的特征—— 一是一种经营体系，二是经营实体是职业俱乐部，三是企业化和商业化是职业体育的特征，以此得出职业体育是以职业俱乐部为实体，以职业运动员的竞技能力和竞赛为基本商品，以获取最大利润为目的的经营体系；从企业法人角度，职业体育俱乐部是职业体育的一个最基本的经营机构或单位，它是具有经营职业体育民事权和民事义务及独立法人资格的经济实体，它是构成职业体育的要素体，是职业体育最基本的经营实体，从这个角度分析，它是运动员行为的主要载体，具有商品意义的运动员及其竞技能力由职业体育俱乐部经营[10]。邓雪震、韩新君认为，职业体育俱乐部是一种以经营某一高水平运动项目训练和竞赛，并开发训练和竞赛及其附属产品，追求利润最大化的特殊体育企业[11]。综述有关职业体育俱乐部的不同定义可以得出，职业体育俱乐部具备以下几方面特征：①职业体育俱乐部是一种专门从事体育活动的组织，具有独立性、自发性和自立性等特征。② 职业体育俱乐部是一种营利性的企业组织，属于当前市场经济重要的经济实体。③ 职业体育俱乐部的市场化、商业化、企业化特征会随着经济发展的不断成熟日趋凸显，逐渐形成独立的产业体系。④ 职业体育俱乐部是专门从事体育赛事、活动产品市场开发的企业组织，其开发的体育赛事、活动产品多表现出较高水平，且多集中在社会主流体育项目之中。

运动员培养风险方面，邱伟昌、李南筑等学者以青少年业余足球运动员的培养为案例，对运动员培养风险进行了说明，间接对“运动员培养风险”的概率进行了定义。认为青少年业余足球运动员的培养是一种无担保、有高风险的投资，且具有组合性和长期性的特征，其属于一种典型的权益性风险投资[12]。秦文宏、黄军海以上海市竞技体育后备人才的培养为研究对象，对其培养状况进行了详细分析，得出竞技体育后备人才的培养过程存在风险，这种风险基本由运动员和培养方共同承担的结论。认为其培养风险主要源自竞技体育早期培养体系及其运行中所存在的问题，换言之，主要源自竞技体育中遗留的社会传统体制与整个经济和社会的现代化进程的不协调。这种风险导致了20世纪90年代以来中国社会众多“退出（退役）运动员”出现各种生存危机，给社会带来消极影响[13]。游容凡在其硕士论文中，将艺术体操运动员的培养定性为一种风险投资，认为影响运动员培养风险的因素分为内部和外部两种。内部因素主要有运动员因素（包括生理、心理、技战术问题）、教练员因素、培养管理因素；并将外部因素分为对手因素和比赛环境两种，对手因素主要体现在对手的生理、心理及技战术等素质方面，比赛环境主要有时间地点、场地与器材、饮食住宿、规则及裁判、社会支持等方面。其研究显示，运动员培养不仅是一种风险投资行为，而且这种风险投资受到多方面因素的影响[14]。石岩在其博士论文中对运动员的参赛风险进行了研究，认为参加运动竞赛是一项具有高度风险性的不确定性活动，既存在成功的机会，又有失败的可能。随着竞技体育的发展，运动员参赛风险问题逐步显现出来。运动员参赛风险是指在运动竞赛中发生各种干扰运动员比赛发挥或导致运动员比赛成绩降低事件的可能性。根据竞赛成绩影响因素，对运动员参赛风险进行溯源分类，运动员参赛风险由参赛选手风险、对手风险和比赛环境风险三大类组成[15]。邱凯认为，竞技体育后备人才培养风险是指青少年儿童所面临的会对其个人竞技能力产生不利影响的各种不确定的因素[16]。基于相关文献，有关运动员培养风险的内涵，笔者认为，运动员培养风险是指投入一定量的人力、物力、财力后，其收益不能补偿投资成本的现象，其主要体现为一种风险损失现象；另外，由于运动员培养风险突出投资后所得收益的不确定性，因此风险损益和风险增益存在并存现象。

（二）俱乐部培养运动员风险来源及影响因素研究

体育运动本身属于一种带有风险的行为，竞技体育运动员身上体现出的风险性特征更加明显。对于竞技体育项目运动员来讲，能否收获预期的竞技成绩具有很大的不确定性，成绩的不确定性极大地增加了俱乐部培养运动员的风险。但运动员和俱乐部又是具有能动性的活动主体，其培养风险与运动员和俱乐部本身存在必然的联系。基于这种必然的联系，对俱乐部培养运动员风险的组成、来源及影响因素进行深入研究已经逐渐成为众多学者关注的话题。

邱凯在其硕士论文中利用AHP（层次分析法）的方法以竞技体育后备人才培养风险为研究对象，系统地分析了竞技体育后备人才培养风险的来源，将竞技体育后备人才培养风险的来源因素分为体制、社会、自身和其他方面因素四个层次。体制因素方面，主要包括管理体制、训练体制、竞赛体制、选拔制度和就业保障五个子影响因素；社会因素方面，包括教练员因素、裁判员因素、竞赛规则因素及其投入与收益失衡因素四个子因素；运动员自身方面，主要有生理、心理、伤病、后继生存及其运动训练与文化教育失衡等因素；其他方面因素，有突发事件、运气因素、努力因素、工作难度等[16]。游容凡利用头脑风暴法、德尔菲法、核对表法、流程图法等方法，引入风险源的概念，对艺术体操运动员的参赛风险来源进行分析，将艺术体操运动员的参赛风险源分为内部和外部两大因素。艺术体操运动员参赛风险源的内部因素又有运动员自身、教练员和管理因素三大二级指标因素，其中，运动员自身方面主要涉及心理、生理及技战术因素等三级风险源；外部因素包括对手因素和比赛环境两大二级风险源，其中，对手因素仍归结为其生理、心理和技战术三大不可控因素，比赛环境因素涉及时间地点、场地与器材、饮食住宿、规则及裁判、社会支持等三级风险源[14]。石岩以我国高水平项目运动员为研究对象，对其参赛风险进行了深入分析，认为竞技运动员竞赛成绩的风险主要取决于运动员自身、比赛环境和对手状况三个方面的因素，而体能、技术、战术、心理、比赛经验、伤病、自我管理、比赛时间与地点、比赛场地与器材、比赛规则与规程、裁判员、气候与地理、生活与交通、教练员、社会支持（观众、媒体等）、运动队管理及其他等因素都是影响运动员自身、比赛环境和对手状况的风险因子[15]。蒋春梅从保险学角度对运动员风险进行了分析，认为运动员首先面临着运动伤残和死亡的风险；其次面临着意外伤害的风险，再次面临着退役后失业的风险；最后面临着收入损失的风险；此外，运动员在退役后还面临着后遗症发作的风险[17]。

通过对以上相关文献分析发现，运动员风险已经成为众多专家、学者关注的热门研究课题，研究内容不断深入和专业化，对运动员的风险来源研究已经初步形成了系统的理论框架。随着竞技体育人才全球化流动趋势的加强，运动员培养风险亦逐渐加大。一方面，这种风险影响因素已经受到一个国家和地区的政治、经济、社会法律制度以及运动员自身多方面影响；另一方面，运动员培养风险还与投资主体与投资客体不一致性、投资收益的长期性和投资成本的高昂性、投资收益的外部性和人力资本产权的特殊性等方面因素相关联。但是通过知网对“运动员培养风险”，尤其是“俱乐部培养运动员风险”进行检索发现，涉及俱乐部培养运动员风险的相关学术文献十分匮乏，少有的研究成果也凸显出多种问题，学术界的这种研究状况是与当前我国竞技体育市场化和职业化大趋势严重脱节的。首先，相关文献大多采取的是单一的运动员风险研究，如参赛风险、竞赛成绩风险，涉及运动员培养风险的文献研究极少。其次，有关运动员风险的文献多是在我国竞技体育举国体制的背景下进行的，与当前我国竞技体育职业化趋势不断加强、多元化的竞技体育人才培养体系逐步建立、职业体育俱乐部培养运动员成为主体的时代特征不符。再次，几乎所有相关成果的研究都停留于定性风险评估的层面，风险源指标评价的量化程度不高，带有严重的主观性特征。最后，以往文献研究中的运动员风险评价指标体系一般都只是简单地涉及一级或二级指标，对制约运动员风险的相关指标不够完善，系统评估体系较少。

（三）俱乐部培养运动员风险评估与计量体系研究

风险评估方法的选择与风险评估体系的运用和制作对实际人力资本风险管理活动具有重要的理论和实际指导意义，其表现为：是人力资本投资风险管理活动工作的重要组成部分，也是实际人力资本投资风险管理活动的理论依据。科学的风险评估方法和评估体系有利于管理者进行风险识别，找出风险的来源、影响因素及判断风险高低程度，提供科学化的企业人力资本投资管理，有效规避与防范人力资本投资风险。人力资本理论和风险管理理论的发展，结合多学科的知识产生了众多的风险评估与计量体系的编制方法，如核对表法、专家调查法、蒙特卡洛方法、效用理论、期望货币值法、期望净显值法、决策矩阵法、贝叶斯决策、概率风险分析、模糊决策法、事故树分析法、敏感性分析、层次分析法、多目标决策方法。利用各种各样的科学方法和工具，如今各行各业的人力资本投资风险评估呈现出越来越细化、专业的趋势。

例如，全海英、孔维峰以女子蹦床运动员参赛风险的评估与应对为研究对象，利用AHP（层次分析法）模型的方法对运动员参赛风险进行了评估，并在此基础上运用SWOT矩阵分析的方法提出了针对性的应对策略。通过层次分析法先确立评估指标的权重，第一环节为建立递阶层次结构体系，即根据女子蹦床项目高水平运动员参赛风险的影响因素建立层次结构模型。第二环节为构造判断矩阵及其标度，根据运动员参赛风险的不同指标相互之间的“同等重要”“稍微重要”“明显重要”“强烈重要”“极端重要”的不同重要程度进行比较，再运用模糊综合评价法进行综合评价，此步骤主要是赋予评估运动员参赛风险的不同指标相应权重，也就是指标的量化过程。最后的环节就是基于SWOT矩阵分析的四要素进行匹配得出进攻、调整、防御、生存四种防御策略递阶层次结构模型。[18]

再如，石岩、吴慧樊在《运动员参赛心理风险的理论建构》一文中，展开运动员参赛心理风险评估方面的研究，将运动员参赛心理风险分为动机风险、情绪风险、协调能力风险、自信心风险与注意力风险五类，并结合运动员参赛心理风险检查表，采用改良后的列表排序法和帕累托分析法对运动员参赛心理风险进行评估；针对评估指标呈现的可能性、严重性、可控性程度，提出了“风险降低、风险回避与风险自留”运动员参赛心理风险规避策略。[19]刘佳、高颀运用个案研究的方法对我国优秀艺术体操运动员邓森悦的损伤风险评估与防范进行了研究，其采用了损伤史、现病诊断、视觉模拟评分法（VAS）、肌肉力量、本体感觉、损伤关节活动度、核心稳定性、核心力量、功能性动作筛查（FMS）等指标为邓森悦进行损伤风险评估；最后根据其评估结果得出，需要通过持续、系统的康复训练加以保障，积极治疗邓森悦右踝和右侧腰部损伤，还要重点关注其核心区、下肢的力量发展及本体感觉的训练，要及时对髋关节和上肢肩关节实施预防性的康复训练，训练过程中应该以协调训练为主。[20]

通过文献分析可知，虽然目前我国有关运动员培养风险评估与计量体系制定相关的文献看似众多，但是在职业体育迅速兴起和发展的今天，针对俱乐部培养运动员风险评估与管理的专业文献却较少，几乎没有涉及。尤其是从宏观角度对俱乐部培养运动员风险的评估与管理进行系统、全面的研究极其缺乏，这种局面显然是不利于我国职业体育健康持续发展的。基于此，课题立足当前问题，拟对俱乐部培养运动员风险的评估与管理进行全面、系统、有针对性的研究，旨在为解决实际的俱乐部培养运动员风险提供相应的理论基础和实践性的指导依据。

（四）俱乐部培养运动员风险的规避与防范机制研究

随着竞技体育职业化的不断加强，“举国体制”培养竞技体育运动员的弊端日益暴露，高投入、低产出、高风险、运动员保障体系建设滞后等问题对我国竞技体育市场化发展的阻碍作用日益明显。随之，从各方面加强运动员培养体系与风险防范机制的学术成果快速增长。

韩新君、翁家银等学者从法制视角对运动员培养风险防范机制进行了研究，从运动员权利保障预防体系和权利保障救济体系两方面提出相关解决措施[21]。预防体系方面，从运动员自我权利维护、职业保护和合同保护三个方面分析，其中文化教育措施、委托代理措施是运动员自身权利范畴的重要内容，国家体育总局对运动员的权利保护、运动员所属运动项目协会对运动员的权利保护、运动员职业工会对运动员的权利保护、运动员所属训练竞赛单位对运动员的权利保护属于运动员职业范畴应重视的部分，运动员职业合同制度是合同保护应该主抓的内容；救济体系方面，包括和解、调解、仲裁（劳动仲裁、体育仲裁、经济合同仲裁）、诉讼等重要手段。只有加强对运动员的权利保护、法制意识教育及文化教育等保障体系的建设才能有效防范运动员培养风险。

王平远针对当前我国竞技体育运动员培养模式进行了研究，旨在通过培养模式的改革规避运动员培养风险，提出了政府从社会收益最大化角度进行投资与企业从其利润最大化角度进行投资相结合是我国当前运动员培养的可行模式。[22]

王月华在其博士论文中对冬季测量类项目运动员参赛风险评估和控制机制进行了研究，得出运动员风险管理应包括风险识别、风险评估、风险应对和风险控制四个部分。其中，风险管理是冬季测量类项目运动员参赛风险管理的基石，只有针对各部分提出的风险源指标设计具体的防范措施才能有效规避运动员参赛风险。[23]

杨拥军、凌平以职业体育俱乐部运动员风险为研究对象，指出应加大保险宣传力度，转变运动员保险观念，提高保险意识；建立职业俱乐部运动员的自我保险体系；建立职业运动员的再就业保险制度；加强体育保险立法，建立健全体育社会保险体系；制定特殊政策，扩大保险主体规模，建立专业体育保险机构。[24]。

通过对现有运动员培养风险相关文献的研究可以得出相应结论，即目前国内多数对运动员培养风险的防范机制研究主要集中于以下几方面：①改革现有体育管理体制；②建立健全市场化的体育保险体系；③建立体育风险基金；④管理者是运动员培养风险防范的主体；⑤重视运动员自身风险规避机制的建设。这些文献的研究为俱乐部培养运动员风险的规避提供了理论和实践指导。但随着我国竞技体育运动员培养体制转变和竞技体育职业化、市场化和商业化程度的不断加强，已有的研究显然已无法适应现今的职业体育俱乐部培养运动员的需求了。存在的问题主要体现在以下几方面：首先，文献研究单一化问题突出。现有研究成果多是选取某种运动员培养风险，而职业体育俱乐部培养运动员面临的风险是复杂的、多方面的。这种单一的风险规避策略研究的全面性、针对性和实用性较低。其次，研究局限于宏观层次，微观深入研究不够。现有文献研究多是采用定性的运动员风险评估办法后，笼统地提出宏观的防范措施，这就造成了防范机制不够具体，很难应用于实际的运动员风险规避活动。再次，研究背景的变迁同样存在。过去多数有关运动员培养风险的研究都是在“举国体制”的背景下进行的，研究对象也多数集中于政府主体层面，而针对运动员自身的风险规避机制研究较少。另外，过去的研究与现状几乎很少涉及职业体育俱乐部培养运动员的风险规避，而现如今职业体育俱乐部培养运动员恰恰成为我国职业体育的主要构成内容，显然过去的研究与现状是脱节的。最后，没有重视培养运动员的风险规避的投入与产出比。效率作为职业体育俱乐部考虑的根本因素，提高经营效益亦是规避运动员培养风险的根本目的，然而现有的运动员培养风险防范机制却没有重视效率问题。

第三章 俱乐部培养运动员风险的理论基础及风险属性

综观目前有关俱乐部培养运动员风险的相关文献资料可以得出，人力资本理论和风险管理理论是本课题研究的理论基础。但是，正如本书第二章的文献研究所得出的结论一样，当前，无论是有关人力资本、风险管理方面的基础理论研究，还是俱乐部培养运动员风险的实际管理经验方面，我国都显得比较落后。有关俱乐部培养风险的相关概念研究也仅仅只是涉及体育俱乐部和运动员培养风险的子概念，而有关俱乐部培养运动员风险的相关上位、下位概念，如俱乐部、运动员、运动员培养等基础概念的研究十分缺乏。即使目前涉及体育俱乐部、运动员培养风险的概念也都是间接提及，并未按照严密的“属加种差”的逻辑思维形式进行相关概念的研究，得出的结论由于缺乏科学性而经不起实践的检验。此外，有关俱乐部培养运动员风险的基础理论也十分匮乏，尤其是俱乐部培养运动员的风险属性、风险类型、风险特征、风险的来源及影响因素等方面的理论研究不足。上述存在的一系列问题，为俱乐部培养运动员风险的管理研究增加不少困难。为此，本课题的研究首先就是对体育俱乐部之内涵、运动员与运动员培养之内涵、俱乐部培养运动员范畴、俱乐部培养运动员风险的概念、俱乐部的企业性质、运动员的人力资本性质、俱乐部培养运动员的人力资本投资性质、俱乐部培养运动员风险的商业风险属性，以及俱乐部培养运动员的风险属性、风险类型、风险特征、风险的来源及影响因素等内容展开全面、系统的分析，旨在完善相关基础理论，为后续研究奠定理论基础。

一、俱乐部培养运动员风险属性探讨

性质是事物本身所特有的属性。从广义上讲，性质指的是一件事物与其他事物的联系[25]。改革开放以来，随着国外职业体育经营文化向国内的传播，职业体育的萌芽开始在我国产生并发展。尤其是近年来，国内经济增长形势放缓、产业结构矛盾突出和居民日益增长的体育物质文化需求的背景与国外体育产业对经济发展拉动明显的环境之间形成了鲜明对比，为缓解传统产业结构存在的各种矛盾、激发市场经济发展活力、满足居民的体育文化需求，国内迎来了职业体育的发展浪潮。而体育俱乐部作为职业体育发展的承担载体和基本形式，目前我国无论是数量还是种类均与日俱增，特别是在东部沿海发达地区和中西部部分较为发达的大城市中，职业体育俱乐部已经成为城市文化的重要组成部分，在城市发展中扮演着不可替代的角色。然而，由于职业体育俱乐部在我国的发展刚刚起步，还属于一种新事物，无论是政府、社会组织还是国民对其的认知都还处于感性的阶段，对其本质认识不清。而从体育俱乐部发展角度而言，更是困难重重，如专业管理者缺乏、管理经验不足、盲目照搬国外管理模式等。众所周知，运动员是竞技体育组成的核心要素，同样，在职业体育俱乐部发展过程中，运动员依然是其生产发展的核心资源。可以说，在激烈的市场经济环境中，职业体育俱乐部生存发展的根本在于运动员人力资本的管理。加之运动员又属于带有主观意识的个体，这种人力资本相较于物质资本和一般人力资本又具有多种特性，尤其是投资的时间成本和资金巨大，效益获得又具有长期性的特点，使俱乐部培养运动员的风险复杂多样，难以达到管理预期。所以，课题组将对俱乐部的企业性质、运动员的人力资本性质、俱乐部培养运动员的人力资本投资性质、俱乐部培养运动员风险的商业风险属性进行界定，丰富俱乐部培养运动员风险管理的理论基础。

（一）俱乐部的企业性质

依据“属加种差”的逻辑思维形式，要界定俱乐部的企业性质，首先得对“企业”这一属概念进行界定，进而才能科学地推出俱乐部的企业属性。“企业”一词最早源于英国，之初是英文“Eterprise”，意指冒险从事某项事业。后来“Eterprise”一词引入日本，翻译为“企业”，并引入中国，在经济学、法学领域广泛使用。如今的企业已不同以前，其内涵、特征等都产生了巨大的变化。首先，有关企业的定义问题。目前，有关企业的定义虽然多种多样，但各种概念的属差却没有那么巨大了，社会各界对其概念的认识逐渐趋向统一。如今，企业一般是指以营利为目的，运用土地、资本、技术、劳动力、企业家才能等各种类型的生产要素，生产并向市场提供相应的商品及服务的独立法人或社会经济组织，通常采用自负盈亏、自主经营、独立核算的经营模式[26]。杨爱仙从经济学和法学视角对企业进行了定义[27]。从经济学视角来说，企业指的是在追求商业利益最大化的目的下，通过一定的组织形式，以契约将各种生产要素集中起来从事持续性的生产经营和服务性活动的实体经济组织。从法学视角来说，企业是指在法律的框架内，成立的以独立的方式从事生产经营或服务性活动的营利性经济组织。董开军认为，经济学视域中的企业是指在一定的社会经济环境（条件）下通过集结一定的人力和物力，并以营利为目的从事生产经营和服务经营活动的社会经济组织。在法律框架内，他将企业分为独资企业、合作企业和法人企业三类，三类企业共同的特点都是在依法前提下成立的以商业利润为目的的组织类型[28]。依据企业经济学和法学定义，可以得出企业概念具有一些共同的元素：一是企业是以营利为目的，二是企业运行需要各种生产资料，三是企业运行的结果是生产某种商品或服务，四是企业一般以独立的组织或个体的形式存在，五是企业是依法成立的、具有法人代表。其次，关于企业的分类问题。目前，我国有关企业的分类方法也是多种多样的，典型的分类依据如法律、规模、组织机构、所有制形式等[29]。依据我国企业相关法律，按照经济类型，我国企业可分为集体所有制经济、私营经济、联营经济、股份制经济、涉外经济（包括外商投资、中外合资及港澳台投资）等经济类型企业。按照规模，可分为大型企业、中型企业、小型企业、微型企业四种类型。最后，企业的特征问题。企业的特征多种多样，是指企业自产生以来各行各业、各种类型的企业共同性质的规定性。企业特征是企业本质的外在表现，是企业区别于非企业的要素所在。不同类型的企业势必具有自身独特的特点，因此，此处企业的特征指的是多数企业具有的共同特征。通过百度百科搜索，企业具有组织性、商品性、经济性、营利性、独立性等特征[30]。黄辉从融资成本和融资风险角度对企业融资效率进行了定量测度，得出企业效率具有多重共线性、非债务税矛盾、营利性、流动性、规模性、股权集中及市场化等特征[31]。综合文献研究得出，企业具有组织性、商业性、经济性、营利性、市场化、独立性、多样性、差异性、行业性、规模性、流动性、债务性、竞争性和投资的风险性等多种特征。

通过上述对企业的定义、分类及特征的阐述，我们可以发现，职业体育俱乐部与企业存在众多紧密的联系，具有企业性质特征。

第一，从定义看，职业体育俱乐部是指依法成立的，从事体育活动生产经营或服务的营利性经济组织。与企业的内涵一样，同样是企业，也以营利为目的，其运行需要各种生产资料，俱乐部运行的结果是生产体育商品或服务，也是一种独立的组织或个体形式，其成立亦必须在相关法律允许的条件下、具有法人代表。

第二，从体育俱乐部的分类看，体育俱乐部的分类同样具有多种形式，按规模可以将其分为大型体育俱乐部、中型体育俱乐部、小型体育俱乐部和微型体育俱乐部四种类型。当前我国职业体育正处于快速发展的阶段，多数俱乐部规模较小。但经过几十年的发展，也诞生出了一批规模较大的俱乐部，如大连实德、鲁能泰山、天津泰达、上海申花、重庆力帆、江苏南钢、辽宁盼盼、浙江广厦、广东恒大、新疆广汇等足球俱乐部，其已形成较大的规模，带来的经济效益和社会效益也不容小觑。从法律角度，可以将我国体育俱乐部分为独资体育俱乐部、合作体育俱乐部两种类型。从专业角度，又可将体育俱乐部分为职业体育俱乐部和业余体育俱乐部两种类型，显然商业性体育俱乐部多属于职业体育俱乐部。按所有制形式，体育俱乐部可分为公有制体育俱乐部、私营体育俱乐部、联营体育俱乐部、股份制体育俱乐部、涉外体育俱乐部等类型，目前我国虽然有些类型的体育俱乐部还没有得到发展，但从国际视野看，这些类型的体育俱乐部都已经有所发展。

第三，从体育俱乐部特征看，除了具有行业领域的特性外，其在市场中经营，同样需要面临复杂的市场环境，也需要以获得商业利润为目的。所以，在市场经济条件下，体育俱乐部同样是集组织性、商业性、经济性、营利性、市场化、独立性、多样性、差异性、行业性、规模性、流动性、债务性、竞争性和投资的风险性等多种特征于一体的经济实体。体育俱乐部与企业的定义、分类及特征的对比，可以发现，体育俱乐部的实质就是一种企业，因而企业属性是其具有的基本性质。

（二）运动员人力资本性质

同样，要厘清运动员的人力资本性质，首先得对人力资本的内涵有一个清晰的认识。目前，人力资本的概念多数时候是作为人力资本理论的一个命题出现在人力资本理论的研究、分析中。而人力资本理论的内容范畴又是随着时代的不断变迁而发展变化的，因而目前有关人力资本内涵的理解也同样难以形成统一的认识。以下是国内相关学者对人力资本定义的基本认识。丁栋虹教授认为，根据不同的生产形态，人力资本有异质型人力资本和同质型人力资本概念之分[5]。李建民教授认为，人力资本应具有个体和群体之分[6]。李志彬认为，所谓人力资本即投资人的价值，“需要投资形成、凝结于人体并与人体不可分离，有效劳动创造价值是其实现方式，能够参与市场交易，投资收益率大于一般物质投资收益，人力资本有效供给受承载者主观意志影响，人力资本具有正的外部性，社会人力资本总量边际效用递增”[32]是人力资本基本的特性。人力具有“交易是人力资本功能发挥，交易对象个性化，人力资本交易受载体主观和客观干扰，人力资本计量困难”[32]是人力资本交易的特性。付一辉认为，人力资本是指劳动者投入到企业生产的过程中，基于其承载的知识、技能、能力、经验及情感意志力等要素而能够创造相应价值的能力。他总结了人力资源包含的四种基本内涵：① 人力资本是其承载者的投入要素；② 人力资本属于一种高度抽象的资本；③人力资本的价值衡量应以能够创造的最大价值为标准，而不是投入成本；④ 作为一种资本投入，人力资本与物质资本应是同等的地位。[33]才仁拉藏认为，经济学上的人力资本是指“天然归属于个人的，包括人的健康、体力、干劲、容貌、知识、才能、技能及其他一切带有经济内涵的精神元素”[34]，其具有产生自然性、呈现自发性、价值可变性三大特点。

通过对国内相关人力资本定义的有关文献进行分析，并结合国外学者对人力资本概念的界定，不难发现，目前有关人力资本的定义具有以下几方面的特点：一是人力资本的基本载体是生物性的人；二是人力资本的核心要素是先天具有和后天学习获得各种知识、技术、能力及本身存在的身体各方面的优势；三是人力资本具有经济价值；四是人力资本价值呈现边际递增、递减规律；五是人力资本价值具有自然性、自发性、多变性、多样性以及本身的主观性和难以度量性的特征。综合这五个方面的基本内涵，笔者认为，人力资本是指内生在人体身上的先天性或后天性的各种具有经济价值的要素，不可确定性和稀缺性是人力价值实现的基本特征。根据这一概念可见，决定人力资本价值的是人体身上的各种要素，如携带的知识、技能及身体要素。

因为人力资本生产要素是需要经过长期过程的形成及人的先天具备，所以这些特征赋予了人力资本稀缺性特征。再者，人力资本聚集的生产要素并不像物质资本一样，它需要得到开发才会彰显其价值，且这些要素的价值难以用具体的数字去度量。所以人力资本相比物质资本而言，其价值损失和实现具有同一性和难以度量的特点。再来比较运动员的定义。我们知道，在当今运动员通常指的是携带运动技能的人才。依据运动技能的水平，国内运动员可以分为运动健将、一级运动员、二级运动员、三级运动员、少年级运动员五个技术等级[35]。按专业情况，又可以将其分为职业运动员（专业运动员）和业余运动员两类。随着社会的不断分工，如今运动员已经成为一种重要职业，形成了一个重要的群体。运动员从属于人，携带运动技能、运动知识等生产要素，这些生产要素在一定情况下具有产生经济社会价值的可能。尤其是，现代社会职业体育的快速发展，以商业利益为目的的体育俱乐部随之兴起，此时运动员就成了俱乐部投资的核心生产要素，那么运动员就自然而然地成为一种重要的人力资本，且水平高、影响力大的运动员人力资本已是决定俱乐部成功经营的关键因素。相比较发现，运动员具有人力资本的定义属性和特征，对于职业体育俱乐部而言，运动员就是其拥有的一种核心人力资本。

（三）俱乐部培养运动员的人力资本投资性质

如前所述，对于职业体育发展而言，运动员已发展成为体育俱乐部的一种核心生产要素，运动员人力资本的拥有情况直接决定着体育俱乐部经营效益的好坏。那么作为人力资本的运动员，在当前的职业体育俱乐部中扮演着什么样的角色呢？体育俱乐部培养运动员是否具有人力资本投资的性质，其与一般性的人力资本投资又具有哪些不同呢？这些问题的答案，对于我国职业体育发展来讲显然是重要的。首先，我们来对当前体育俱乐部与运动员互动情况进行大致了解。目前，国内外职业体育俱乐部的运动员来源主要有两种形式：一是采用招募运动员的方式，组建相关项目的运动队，进行体育赛事以获得商业利润。这种聘用方式通常是以一定的商业合同（契约）为标准，在一定时期内运动员受雇于体育俱乐部并为其经营发展服务，体育俱乐部按一定方式支付运动员适当的薪酬。这种薪酬支付主要分为月薪和年薪两种形式。目前，体育俱乐部雇用运动员为其效力是一种主流趋势。二是采用全程培养运动员的方式。所谓全程培养也就是指体育俱乐部根据其经营项目类型、发展战略规划，在社会中进行运动员的选材，然后俱乐部方聘用教练、管理人才进行专业化的针对训练，以培养俱乐部经营发展所需的运动员类型。这种方式有一个显著的特征，就是体育俱乐部培养运动员的周期较长、训练起步较早。显然，体育俱乐部方所投入的时间资本、资金成本、人力成本、经历资本等都较高，而俱乐部获得预期收益的结果却很难预料，也就是运动员和俱乐部双方都需要承担相应的风险。目前，这种方式也属于职业体育发展过程中运动员培养的重要类型。此外，还存在一种类型，即体育俱乐部根据自己发展的需要，临时性地聘用一些高水平运动员，如俱乐部要开展一场商业性篮球赛事，就会高薪临时挖掘国内外的一些顶级运动员选手，以提高其赛事注意力和影响力，增加商业回报。

通过对当前体育俱乐部与运动员互动情况的分析，我们不难得出以下结论：第一，体育俱乐部与运动员是雇佣关系。无论何种形式，运动员与体育俱乐部的关系实质是一种契约关系。俱乐部通过支付报酬雇用运动员为其效力，而运动员则以获得薪资为目的将自身暂时或长期交由体育俱乐部管理，这种关系的维护靠一种重要的中介——合同（契约）进行维持，所以二者间的关系实质是一种契约关系，或者说是雇佣关系。第二，运动员在体育俱乐部的发展中扮演着劳动力的角色。根据体育俱乐部与运动员的雇佣关系可知，运动员在契约时期内必须按照俱乐部的要求为其服务，与工厂中工人的角色没有实质性的区别。只不过运动员这种劳动力的表现，是通过其运动技能的水平或者视其在体育界的影响力而实现的。因此，运动员对于体育俱乐部而言就是其中的一员劳动力。第三，运动员属于体育俱乐部中专业性极强的人力资本类型。相比一般企业而言，一名普通员工也许并不是只能在某个岗位工作，大多数员工都具有多岗位的适应能力。而运动员对于体育俱乐部而言则完全相反，运动员属于一种专用性人力资本，即专用于体育运动技能的产出。虽然运动员也存在向外界流动的现象，但是其职业性质一般不会改变，这点尤其是在高水平运动员群体中表现明显。第四，俱乐部雇用运动员的过程更具有人力资本投资的特点。通过对比体育俱乐部雇用运动员的三种形式可以发现，无论是哪种形式，俱乐部都需要投入一定的生产资本，即使是临时性雇用运动员，俱乐部也需要支付资金，按照俱乐部经营需求进行短期培训等。这一过程，跟企业培训一般人力资源的过程没有本质的区别。所以俱乐部培养运动员的过程实质就是一种人力资本投资。所以，从体育俱乐部与运动员是雇佣关系、运动员在体育俱乐部中的劳动力角色、运动员属于体育俱乐部中的一类人力资本及体育俱乐部培养运动员的过程带有人力资本投资的特点等可以得出结论——俱乐部培养运动员带有典型的人力资本投资性质。

（四）俱乐部培养运动员投资的商业风险属性

经过前面的论述，体育俱乐部属于一种企业类型，俱乐部运动员是一种典型的人力资本，俱乐部培养运动员的过程亦属于人力资本投资。既然是一种企业生产性质的投资，那么其投资带有典型的商业风险属性就是不言而喻的。投资收益与投资风险是相伴而来的，尤其是随着我国市场经济体制的不断完善，企业之间的竞争愈发激烈，因而成功规避其有限生产资料的投资风险成为企业管理者普遍关注的问题。要深入理解体育俱乐部投资运动员的商业风险属性，我们首先还得明确风险的内涵。

目前，有关风险的内涵众说纷纭。风险的生活概念则意指不确定因素而导致出现的各种不利结果或损失。阿瑟·威廉认为：“风险就是结果的潜在变动。”马可维茨、夏普等人则认为，风险就是指事件期望结果的变动。通过文献整理，目前学界出现频率较高的风险的定义有如下几种：①风险就是指可能受到相应的伤害或损失的危险；②风险是指损失发生的可能性，或者说是可能发生损失的概率；③风险是预期结果的不确定性表现；④风险是指结果与期望值之间的偏离程度；⑤风险就是指损失出现的各种潜在因素。[36]

通过这些有关风险的定义，我们可以得出：第一，风险是一种不确定性的结果；第二，风险是可能发生的事件；第三，风险是人们想要避免的不利结果；第四，风险的实质就是主体的人对期望结果值的偏离变现。结合风险的这些内涵特征，笔者认为，风险是指人们预期结果出现的各种不利因素的综合表现。

对于企业来讲，投资风险就是指企业在对生产资料投资过程中的风险现象的表现。运动员人力资本投资风险是指体育俱乐部培养运动员的成本与预期收益之间的偏差现象。那么，体育俱乐部投资运动员人力资本的商业风险是怎么出现的呢？众所周知，“投资预期收益=预期产出-投资成本”，也就是说，企业预期收益、预期产出和投资成本相关。但是，预期收益作为理想收益值，显然在这个比例关系中投资成本可以看作是固定不变的，那么剩下的也就是预期产出会直接影响到预期收益的获得。可以看出，企业投资风险也就是产生于预期产出的实现环节，此环节受到国家政策、法律法规、社会经济、企业管理、行业情况等诸多因素的影响，这也是企业投资风险很难得到有效管理和规避的根源所在。同样，在体育俱乐部投资运动员人力资本的过程中，“俱乐部预期收益=运动员预期价值实现-运动员投资成本”。我们知道，俱乐部培养运动员是一个长期的过程，加上运动员主观意识的难以把握、运动训练过程的不确定性和体育赛事结果的难以预测性等特性，都会影响到运动员预期价值的实现，如俱乐部在培养运动员的过程中，运动员出现运动损伤无法参赛或者是运动员突然跳槽，这些都是俱乐部需要承担的潜在投资风险。综上所述，体育俱乐部培养运动员人力资本属于一种典型的商业风险投资行为。

二、俱乐部培养运动员的风险来源及类型

在实际的人力资本风险投资中，通过数学模型量化风险因素已经成为一种主流形式，但是风险量化模型只能对预测风险和认知风险起到一定的作用，预知风险的作用却并不显著。要正确量化体育俱乐部培养运动员的风险，前提是要对其培养风险的来源及种类做一个全面、系统的分析。因此，对于体育俱乐部培养运动员人力资本的风险，其人力资本投资风险管理与规避的关键一步则是需要事前对其风险来源和类型进行识别，明确运动员培养过程中隐含了哪些潜在的风险因素。识别体育俱乐部培养运动员的风险源及类型首先要依据风险管理理论对投资风险的相关分类。目前，风险管理理论强调的投资风险类型划分标准是多样的，用不同的视角审视，会存在不同的风险类型及其影响因素。按风险致因可以将投资风险划分为自然风险、社会风险、经济风险和技术风险四类；按风险的性质，可以将投资风险划分为纯粹风险和投机风险两种；依据风险涉及的范围，可以将其分为系统风险、非系统风险两类；按投资主体承受能力，又可分为可接受风险和不可接受风险两类；按风险内容构成，还可分为市场风险、信用风险、流动性风险、结算风险、操作风险及法律风险等多种类型。

依据风险投资理论对投资风险的划分标准，课题组将体育俱乐部投资运动员人力资本风险划分为宏观环境层面风险、企业管理层面风险和运动员层面风险三大类型，这三种类型的风险既是体育俱乐部培养运动员风险的来源，又是空间维度的不同表现类型。宏观环境层面的风险主要包括宏观经济风险、宏观政治风险、运动员供给风险、运动项目变更风险、市场需求风险、体育产业结构调整风险、行业竞争风险七类子风险；企业管理层面的风险包括运动员培养规划制订风险、运动员投资决策风险、运动员激励机制风险、运动员选材风险、运动员角色配置风险和运动员培养组织资金风险六类；运动员层面的风险包括运动员学习能力风险、运动员运动训练风险、运

动员运动损伤风险、运动员参赛风险、运动员流动风险、运动员培养信用风险和运动员人力资本贬值风险七类。

（一）俱乐部所处环境层面风险

基于我国职业体育俱乐部的发展环境角度而言，即从体育俱乐部运动员人力资本投资环境角度分析，环境风险是指体育俱乐部在进行运动员人力资本投资的过程中，其所处的环境周围所面临的各种宏观性的投资风险种类。体育俱乐部的管理者，由于在进行运动员人力资本的投资过程中，对其所处的外界环境认识不足，或者是管理者对外界环境的变化认识不及时，而导致的投资效益获得的不确定性或者是投资效益的损失。体育俱乐部投资运动员人力资本的过程中，环境风险一般是不可控制或者是控制能力十分有限，所以对环境风险因素的分析是俱乐部培养运动员投资过程中的难点。体育俱乐部培养运动员的过程中，环境层面的风险一般包括宏观经济风险、宏观政治风险、运动员供给风险、运动项目变更风险、市场需求风险、体育产业结构调整风险和行业竞争风险七类。

1. 宏观经济风险

由于体育俱乐部的运动员人力资本投资效益实现周期较长，宏观经济的各种突发情况都极易引起运动员人力资本投资效益的贬值，这种可能性就是宏观经济风险。体育俱乐部的运动员人力资本投资实质上是一种经济活动，这种经济活动并不能完全独立于市场而运行，因此市场经济环境的一系列变化都可能对其经济活动的正常进行造成相应的影响。比如，体育俱乐部可能受到一个国家相关经济制度、经济政策、经济投资环境等各种经济因素变化的影响而造成运动员人力资本贬值，或者宏观经济下滑也可能让市场中体育文化消费的需求量降低，从而对运动员人力资本的价值量造成威胁。体育俱乐部运动员人力资本的宏观经济风险因素可以用国家经济增长速度、地区经济增长率、国家或地区通货膨胀率、国家利率水平、国家汇率变动、国家经济制度、国家经济政策等指标来进行评价。

2. 宏观政治风险

“政治”指对社会治理的行为，亦指维护统治的行为。政治是各种团体进行集体决策的一个过程，尤指对于某一政治实体的统治，例如统治一个国家，亦指对于一国内外事务之监督与管制[37]。政治作为一个国家的强制性力量，同样对一个国家（地区）的经济运行造成深刻的影响。对于体育俱乐部运动员人力资本投资而言，国家或地区的政治环境的变化对其运动员人力资本投资产生或多或少的影响，也就是说，运动员人力资本投资存在政治环境的风险。一般来讲，宏观政治风险即指社会政治、法律法规等因素的变动对体育俱乐部运动员人力资本投资效益造成损失的可能性。体育俱乐部作为一种企业实体在一个国家发展，必须遵循相应地区的相关法律法规，尽管一个国家在一定时期内其宏观政治环境是比较稳定的，但是其一旦变动对体育俱乐部运动员培养造成的影响则是比较重大的。尤其是随着经济、体育、文化等全球化趋势的不断加强，体育这种文化元素在很多时候本身已经被套上了政治的符号。如今，国家的政治环境有时候甚至成为直接决定其体育事业发展的前提。因而，职业体育的发展势必难以避免国家政治因素的干扰。俱乐部运动员人力资本投资的政治风险可以用相关法律法规、政策变动的程度来进行评价。

3. 运动员供给风险

任何经济组织对人力资本投资的前提都是其对组织发展的重要性，或者说是可能带来的经济价值，因此如何获得企业所需要的人力资本是其管理者进行人力资本投资最为关注的问题。通常情况下，商品的价值会受到商品市场供给量的影响，也就是说，经济发展水平越高的地区其人力资本投资的风险性越小，如在我国的东部沿海城市进行人力资本投资，企业所承担的风险显然要低于中西部地区。一方面是人力资本投资所需要的成本较低，另一方面是宏观环境增加了人力资本流动的可能或者是机会。究其根源，就是经济发展水平较高的地区，各种人力资本的市场供给量较大，且质量也相对较高。对于体育俱乐部运动员人力资本投资而言，其运动员价值的高低同样受到运动员人力资源市场供给量的影响，市场中运动员人力资源供给量越大，其价值越低，显然俱乐部承担的人力资本投资风险也越小。全面地看，评价体育俱乐部运动员人力资本投资的人才供给风险可以从国家运动员人力资源总体供给量和地区运动员人力资源供给量两个角度进行，以衡量运动员人才供给对俱乐部带来风险的大小。

国家运动员人力资源总体供给量，指的是在一定时期内，体育俱乐部所在国家或地区练习同一项目，且运动技能水平相当、影响力相当的运动员人才的市场容量。如今，我国市场经济体制不断成熟，人才市场的发展越来越快，人才的自由流动变得更加频繁。对于职业体育市场发展而言，运动员人力资源也同样表现出上述特征。对于体育俱乐部发展而言，其投资培养的运动员一旦向外流动，其就面临价值流失的风险。但如果这一时期，市场中具有相对充足的运动员人才供给，显然俱乐部是可以通过及时更换运动员而弥补人才流失带来的经济损失风险的，而如果运动员人才市场中供给量十分有限，体育俱乐部面临的选择空间余地较小，那么经济风险损失则成为必然。因此，国家运动员人力资源的总体供给量影响着职业体育俱乐部运动员人力资源获得的难易度，也就是与运动员人力资本投资风险具有较大联系。

地区运动员人力资源供给量，指的是在一定时期内，体育俱乐部所在地方（城市）练习同等项目，且运动技能水平至少相当、影响力相当的运动员人才的市场容量。如前述分析一样，尽管在市场经济条件下，人才是可以随时流动的，但是人才的流动本身需要耗费一定的经济成本。在实际经济活动中，经常出现的某个城市人才多，而某些城市人才又相对缺乏的现象，这就是城市对人才的吸引力的差异造成的。因为，有些城市由于经济发展水平较好，对人才的吸引措施较多、发展机会相应较多；有些城市由于人才吸引政策措施的缺乏，人才流动现象也较少。这些因素都会导致一座城市人才供给量的变化。对于体育俱乐部而言，运动员人力资源就是其核心人力资本，那么俱乐部所在城市的运动员人力资源的存量和增量就会间接影响体育俱乐部人力资本的投资风险。

4. 运动项目变更风险

运动项目是体育俱乐部经营的基本内容，专业运动员是运动项目内容展现的载体。因而，宏观环境中体育运动项目尤其是热门运动项目的变更对体育俱乐部经营发展或造成重大影响，如果变更的运动项目涉及体育俱乐部经营的运动项目，那么其运动员人力资本就会瞬间贬值，给俱乐部带来巨大的经济损失。由于运动项目变更对体育俱乐部造成的风险主要表现为俱乐部经营的运动项目的市场热门度（需求量降低）和相关体育协会、部门对某种运动项目的取缔，这种风险因素属于典型的相对因素，也是难以控制的风险类型。特别是在体育文化全球化的当下，国际上重大体育项目的更替或者国内相关体育部门对某种体育运动项目的取缔现象时有发生。这种现象一旦发生，体育俱乐部投资的运动员就无法发挥出预期的经济价值，体育俱乐部经济损失随之出现。体育俱乐部面临的运动项目更替风险主要受到项目本身的热门度、国家的重视度和社会的普及度等方面因素的影响，因而也可以通过这些指标对俱乐部培养运动员人力资本风险进行衡量。

5. 市场需求风险

市场环境不是固定不变的，而是会随着宏观环境的改变而发生变化。而市场机会的出现又具有不确定性，随时会出现，但瞬间又会消失。体育俱乐部运动员人力资本投资属于一个长期的过程，随着市场经济发展不断成熟，市场机会的拿捏和把握难度不断增加，由市场变化带来的体育文化消费需求的变化随时都可能发生，也随时会成为体育俱乐部运动员人力资本投资的风险。例如，当前我们国家的国民对足球赛事文化产品的需求正在不断扩大，也就意味着当前时期职业足球俱乐部进行足球项目运动员培养可能带来较大的经济效益。但一旦足球文化市场需求降低，势必会影响足球俱乐部的经营情况，经济损失的风险性就会增加。体育俱乐部培养运动员的市场需求风险可以用相关项目产品的市场消费行为指数、本行业产品需求情况的变化和体育消费流动方向这些指标进行衡量。

6. 体育产业结构调整风险

企业人力资本投资是根据市场相关需求做出的决策，而市场需求情况必然受到国家相关产业政策的重大影响。一种产业政策的调整，对相关产业造成的最明显影响也就是极有可能引起其产业地位的变动。一旦产业地位发生变化，最直接的就是对该产业领域的相关企业组织的经营活动造成影响。产业政策调整使产业地位上升，则会为这种产业领域内的企业带来新的发展机遇，提高经济效益的回收率。相反，一旦产业政策促使产业地位下降，则可能引起行业企业组织的经营活动受阻，经济效益面临损失风险。对于职业体育发展而言，体育俱乐部的运动员人力资本投资同样受到体育产业政策调整的影响，一旦国家重视体育产业发展，出台一系列支持、鼓励和引导体育产业发展的政策机制，必然会给经营体育产业的企业带来发展机遇，刺激体育企业发展。相反，国家一旦抑制或是并不重视体育产业发展，那么职业体育俱乐部发展面临的环境势必较为艰难，运动员人力资本投资的风险性也会随之增大。俱乐部培养运动员风险主要受宏观体育产业结构调整和微观体育项目类型结构调整的影响。例如，近年来，中共中央、国务院尤其重视体育产业和全民健身产业的发展，因而我国今后一段时期相关产业必然会具有较好的发展环境。足球就是一种典型的受到行业结构调整而迎来新的发展机遇的运动项目，近年来我国广泛兴起的足球热现象很大一方面的原因就归于此，因而其职业足球体育俱乐部运动员人力资本投资带来的经济效益也较大，市场风险相对较低。

7. 行业竞争风险

竞争是市场经济的基本特征之一。在市场经济条件下，同行业领域内的不同企业之间存在相互竞争是不可避免的，而且随着经济全球化趋势的不断加强和我国市场经济的不断深化，企业在市场中的激烈竞争力将不断加强。竞争就意味着优胜劣汰，意味着科学管理决策的重要性地位，同时也意味着风险的存在。企业面临的行业竞争对手越多，对企业经营活动的压力也就越大，经济效益获得的难度也越高，经济损失的风险也越高。体育俱乐部作为市场经济发展的一种产物，其运动员人力资本投资同样受到行业竞争的影响。这种行业竞争力对于俱乐部培养运动员来讲，也就是一种人力资本投资风险。

（二）俱乐部管理层面风险

企业管理层面的风险是企业三大主要风险来源之一。随着经济全球化趋势不断加强，市场经济体制在我国的发展日趋完善，同时我国企业面临的市场竞争力不断加强，这种形势对企业管理者的管理水平提出了更高的要求。新时期，企业管理者的管理水平很多时候已经成为其市场取胜的关键。同样，企业人力资本投资作为管理者管理业务范畴之一，同样因为不同管理决策的实施会产生相应的管理风险。对于体育俱乐部培养运动员来讲，俱乐部运动员人力资本投资的风险就是运动员培养管理风险，是指体育俱乐部进行运动员培养而采取的各种管理方法、管理制度等而带来的风险。具体来说，其是指俱乐部在运动员人力资本投资过程中，由于体育俱乐部本身的管理及决策等自身因素而造成的运动员投资效益获得的不确定性和运动员资本投资收益发生损失的可能性。在体育俱乐部进行运动员人力资本投资中，管理者是指专门从事体育俱乐部日常经营管理工作的管理者，投资者也就是体育俱乐部所有权者。因此，体育俱乐部管理层面的风险主要表现为管理风险。管理层面的风险主要包括运动员培养规划制订风险、运动员投资决策风险、运动员激励机制风险、运动员选材风险、运动员角色配置风险、运动员培养组织资金风险六类。因此，对体育俱乐部管理层面风险的评价则通过这些指标进行具体衡量。

1. 运动员培养规划制订风险

对于任何企业和组织发展来说，制订详细的发展战略规划来定位其发展方向和目标都是必须的，缺乏战略发展规划的企业就好比失去导航的船，只能在茫茫的大海中漫无边际地漂流。可以说，战略发展规划是组织和企业发展的必不可缺少的基本元素之一，是企业组织的发展导向，引导着企业和组织的发展并给予其发展动力。同样，对于体育俱乐部发展而言，运动员培养是其主要管理工作之一，那么运动员培养战略规划就显得尤为重要。科学、合理的运动员培养战略规划可以提高俱乐部的经营效益，指导俱乐部向好的方向发展；而非科学的运动员培养战略规划则可能导致俱乐部发展偏离合理的方向，带来巨大的经济损失，甚至可能将俱乐部带向灭亡的境地。

2. 运动员投资决策风险

投资决策是企业进行人力资本投资的关键一步，投资决策采用的正确与否直接决定了企业后期能否实现预期收益。所以，投资决策实施的过程也就是企业人力资本投资风险产生的过程。体育俱乐部进行运动员人力资本投资过程中，同样需要经历投资决策分析的阶段，因而运动员人力资本投资也存在投资决策风险。所谓投资决策风险一般是指组织的人力资本投资的决策者对投资分析不够而出现的投资决策实施失误，导致人力资本投资效益遭受损失的不确定性[38]。一般来讲，投资决策失误对组织经营带来的副作用是非常明显的，因为投资决策决定着组织人力资本投资活动的方向和程度，这也是进行投资决策风险分析的意义所在。组织投资决策正确率、每次投资决策平均利用率和决策创新率是衡量投资决策风险大小的基本依据，是指在一定时期内组织采取的正确投资决策数除以投资决策总数，然后进行百分化而得的数值。每次投资决策平均利润率是指在一定时期内平均每项投资决策带来的利润。决策创新率是指一定时期内创新决策占决策总数的百分比，此处创新决策指的是那些有创新价值并且实施成功带来经济效益的决策类型。体育俱乐部进行运动员人力资本投资同样可以根据这三个指标进行衡量。

具体计算方法如下：

投资决策正确率=正确决策数/决策总数×100%

每次决策平均利润率=人力资本投资效益/人力资本投资决策数×100%

决策创新率=创新决策数/决策总数×100%

3. 运动员激励机制风险

激励机制是组织调动员工工作积极性的重要手段，也是促进组织经营效率提升的重要动力。因而，现实中很多企业都是通过制定相关鼓励制度或者是出台一系列激励规则，以调动员工的工作积极性，从而让组织拥有的有限人力资源发挥最大生产价值。但是，组织制定或出台激励员工的相关机制却不一定是合理的，有些可能适合组织员工的需要，有些则并不符合员工愿望。所以，不同激励机制的激励效果是不同的，即使是相同的激励机制在不同时期也会表现出差异巨大的激励效果。综上所述，组织制定的激励机制效果发挥的作用是存在风险的。对于体育俱乐部培养运动员而言，同样需要一定的激励机制，以调动运动员训练的积极性和为俱乐部付出的动力，从而更利于实现俱乐部预期的经济收益。所谓的激励机制风险就是指体育俱乐部在培养运动员的过程中，由于激励机制的制定不当或者是不到位而引起的对运动员积极性的调动作用不明显或者难以产生相应的激励效应，致使运动员人力资本投资效益遭受损失的可能性。激励风险是体育俱乐部培养运动员风险中占比较大的一种风险类型，产生的根源则是由于运动员人力资本本身具有的“人”的主观意识和主观能动性。在体育俱乐部的运动员实际培养过程中，激励风险一般包括运动训练激励风险和参赛激励风险两种，而这种激励机制的重要实现方式就是薪酬激励和荣誉激励。

评价激励风险通常采用的指标有员工留任率和员工敬业度两种。所谓的员工留任率是指组织内的核心人力资本长期留在组织工作的比例。这一指标可以反映出员工对所在工作的投入程度和满意程度。根据此可以得出，俱乐部运动员留任率是指长期留在俱乐部工作的运动员占俱乐部所有员工的百分比。员工敬业度是指周期性地对组织员工意见进行调查而评估出来的结果。此指标是反映员工对组织激励机制满意度的核心指标。在体育俱乐部方面，“运动员敬业度=满意运动员数量/接受调查运动员的总量×100%”。在运动留任率和运动员敬业度较高的体育俱乐部中，由俱乐部方培养的运动员面临的流动风险较小，也就是说俱乐部培养运动员风险相对较低。

4. 运动员选材风险

对于任何组织来讲，进行人力资本投资都必定会经历一个人才选拔的阶段，可以说成功的人才选拔是组织成功进行人力资本投资的前提条件。在市场经济活动中，与组织人才选拔等同的环节就是企业的人才招聘。一般来说，是根据企业发展所需，通过人才市场或者其他途径招聘相应的人才，进而根据岗位所需进行人才的进一步培训，也就是所谓的人力资本投资。成功的人才选拔是后续人力资本投资成功的前提，所以说企业人才选择十分重要。职业体育的本质是竞技体育发展的另一种表现形式，体育俱乐部生产的体育产品其实是一种体育竞技产品，其运动员培养也是竞技运动员培养。众所周知，竞技体育发展的重要一步就是运动员选材。良好的运动员苗子是运动员成功培养的基础。对于俱乐部运动员培养的人力资本而言也是一样，初期运动员的选拔对后期成功人力资本的投资尤其重要。所谓的运动员选材是竞技体育发展的开始，是指挑选具有良好天赋及竞技潜力的少年儿童或后备力量参加运动训练的起始性工作。在选材时，要考虑各个运动项目的特点，力求使用科学的测试和预测方法，努力提高运动员选材的成功率[39]。既然是选材，是对未来结果的一种预测，那么其就存在巨大的风险，尤其是对运动训练这种本身就带有巨大风险性的事物来讲。体育俱乐部的运动员培养同样如此，属于一种长时间的资本投资类型，一旦初期运动员的选拔存在问题，就会直接影响后期运动员的培养。不合格的运动员选拔是很难培养出具有高水平运动技能的运动员的，这是体育俱乐部进行运动员人力资本投资时面临的最大风险。

5. 运动员角色配置风险

组织在现实经济活动中经常存在这样一种现象，即组织大量的员工不是闲置浪费，就是人力资源特点与岗位不相匹配，后者其实质也是人力资源中的典型浪费问题。对于组织来说，不能人尽其才、才尽其能，其直接影响就是组织人力资源利用效率低下，造成大量的人力资本投资的价值在无形中不断流失，进而损害组织的经济效益。上述限制现象就是通常所谓的人才配置风险，其根本原因也是企业管理不到位。所谓的人才配置风险就是指组织在分配人力资源的过程中，没有清醒认识到人与岗位、人与人之间的差异性，导致最佳匹配关系无法实现致使人才的浪费而出现的人力资本发挥受到损失的可能性。人力资本配置风险是组织人力资本投资过程中典型的一种风险类型，组织人力资本匹配风险通常以人力资本闲置率、核心人力资本率、人力资本空缺率和人际关系满意度等指标进行衡量。人力资本闲置率是指组织中闲置员工的数量占总员工人数的百分比例；核心人力资本率是指组织中高层次核心人才的贡献价值与组织创造出的总价值之间的比例；人力资本空缺率是指空缺员工人数占组织中总员工人数的百分比例；人际关系满意度是指组织中的员工之间的人际关系的协调程度或者和谐程度。

随着职业体育的快速发展，体育俱乐部管理已经成为一种十分复杂的管理问题，人力资源管理难题就是当前急需解决的问题之一。运动员人力资本作为体育俱乐部人力资源的核心组成要素，其管理活动之复杂是难以通过数字具体进行衡量的。虽然说在体育俱乐部中，运动员人力资源不像一般企业那样数量之多，运动员的闲置浪费问题也并没有那么普遍。但是，运动员不能尽其才之类的人力资源不合理匹配问题仍然存在，且作为一项投资成本巨大的投资类型，给体育俱乐部带来经济损失的不确定性也是极大的。如现实中经常出现一种现象：俱乐部花巨资聘用某种项目的运动员，但由于管理决策的失误，聘用的运动员没有在俱乐部中发挥出其应有的价值，严重的甚至出现运动员长期闲置。可见，人才配置风险在体育俱乐部运动员人力资本投资中同样广泛存在。衡量俱乐部运动员配置风险可以通过运动员闲置率、核心运动员资本率、运动员资本空缺率和运动员人际关系满意度等指标评估。具体如下：

运动员闲置率=闲置运动员人数/体育俱乐部运动员总数×100%

核心运动员资本率=核心运动员创造价值总量/体育俱乐部价值创造总量×100%

运动员资本空缺率=体育俱乐部空缺运动员人数/体育俱乐部运动员总数×100%

运动员人际关系满意度=对人际关系满意的运动员人数/被调查俱乐部运动员总数×100%

6. 运动员培养组织资金风险

资金是组织运行的根本保障，组织任何经济活动的开展都必须依赖充足的资金，尤其是对于体育俱乐部进行运动员人力资本投资这种长期性、成本高的投资来讲，充足的资金就显得更为重要。所以，资金风险也是体育俱乐部培养运动员的一种风险类型。组织资金风险是指组织在人力资本投资过程中的资金充足情况。体育俱乐部培养运动员的过程中，随时要留有较为充足的流动资金，作为运动员人力资本投资所需要的各种成本，只有这样才能够保障俱乐部培养运动员工作的正常进行，运动员也才有动力为俱乐部服务。体育俱乐部培养运动员的资金风险可以用俱乐部拥有的流动资金量来进行衡量，这些信息获取的基本渠道是体育俱乐部的财务部门和银行财务流动信息。

（三）运动员层面风险

员工作为企业人力资本的承载客体，属于投资风险因素的三大来源之一。由于人具有意识活动和主观能动性，因而人身上就具有各种复杂的难以控制的因素，这也是人力资本投资风险存在的根本性原因。所以，所谓的组织员工层面风险就是指由于被投资者（员工）自身的各种状况或意愿随时发生变化的可能，与人力资本投资预期效益实现的方向出现不一致的情况而导致的各种人力资本投资效益出现的不确定性。对于职业体育俱乐部人力资本投资而言，运动员是其所有人力资本投资中的核心要素，占据了俱乐部本身人力投资成本的主体部分。当然此处的运动员人力资本并不是单指具体的某个运动员，而是相对于体育俱乐部进行投资的全体运动员而言的。但是，俱乐部运动员人力资本投资风险整体指标的获得又离不开具体的运动员，因而考察俱乐部运动员人力资本的投资还需要考察个体运动员培养风险。由于作为人力资本的运动员个体，掺杂着复杂的个性意识和心理，其培养风险类型较多，且难以把控。可以说运动员自身存在的风险是体育俱乐部进行运动员人力资本投资风险中最为主要的，也是最需要科学管理的风险。通常情况下，评价运动员层面的风险因素可以从运动员学习能力风险、运动员运动训练风险、运动员运动损伤风险、运动员参赛风险、运动员流动风险、运动员培养信用风险和运动员人力资本贬值风险七类子风险进行衡量。

1. 运动员学习能力风险

从组织（企业）招聘人才的角度来看，企业首先招聘了发展所需的人力资源之后，势必会投入一定的成本按照企业的要求进行人力资源的培训，也就是人力资本投资。这一过程中，首先是对人力资源进行一定标准的选择，但是这并不能完全保证招聘的人力资源就有学习组织所需技能的相应能力，至少也存在学习、适应能力的强弱之分。显然，学习能力或者是适应环境能力更强的人力资源对于企业来说投资花费的成本更低，相反则较高，所以从人力资源选拔的初始环节就产生了人力资本投资的风险。同样，对于体育俱乐部运动员培养来讲，也存在类似的问题。即俱乐部选定运动员的过程中，或者是签订合同的开始，其投资风险就伴随而生了。可以说这种风险性相比一般企业组织的人力资本投资而言还要更大。究其原因，就是俱乐部选拔所要培养的运动员时，要么是年龄较小，需长期培养，要么就是根据运动员的运动技能或者是影响力而签订合约。此过程体育俱乐部是难以对运动员加入其组织后的学习能力进行培养的，尤其是选择少年儿童进行长期专项运动训练。而运动员学习能力就如企业员工一样，对于具有运动天赋的选拔对象，显然俱乐部方投资培养的成本要比天赋较低的对象低得多，所以就存在运动员学习能力风险。

2. 运动员运动训练风险

职业体育俱乐部的根本就是按其发展所需培养具有较高竞技水平的运动员，以经营运动员的运动水平而为其带来经济收益。所以，就如前述，职业体育的实质就是竞技体育，只不过是赋予其更多的商业性质而已。而运动训练作为竞技体育活动的重要组成部分，是指为提高运动员的竞技能力和运动成绩，在教练员的指导下，专门组织的有计划的体育活动类型。可见，提高运动员的运动成绩和运动技能是开展运动训练的根本目的，其中提高运动员的运动技能既是为了提高运动员的竞技成绩，也是为了提高运动员的影响力，为体育俱乐部的经营活动带来更大的经济价值。一个完整的运动训练体系应该包括运动员、教练员和组织者（管理者），所以三者的各种因素都会对运动训练的全程造成或多或少的影响。运动员和教练员要在组织者的要求下开展运动训练活动，而运动员又要在教练员制订的计划内并按照教练员的要求进行日常运动训练。这些元素在体育俱乐部进行运动员培养的过程中同样存在，此时的管理者或投资者就是体育俱乐部本身，而教练员就是俱乐部专门聘请的指导人才，运动员通过运动训练提高运动技能，进而在比赛中取得更好的成绩以实现俱乐部的预期经济效益。

综上所述，体育俱乐部在培养运动员的过程中，主要部分就是开展运动训练。但我们知道，体育运动训练本身就是对身体的一种超越练习，需要运动员承受较大的身体负荷强度。在运动训练的过程中，时刻都伴随着身体机能发生损害的情况。同时，运动训练的目的就是提高运动技能和竞赛成绩，但是二者之间的联系却不是那么简单的。很多时候良好的运动训练也有可能难以取得理想的效果。也就是说，运动训练可能存在无法提高或者无法明显提高运动成绩的可能性。换言之，即运动训练具有极大的风险性。运动训练过程中存在的风险性是体育俱乐部投资运动员人力资本所有风险中最为主要的部分。但是，运动训练的风险也并不是无法衡量的。因为从整体来说，同等情况下，良好的运动训练培养出优秀运动员的可能性更大。所以我们可以通过运动训练安排、运动训练效果（日常效果）、运动训练科学管控、运动训练科学实施等方面进行间接性的衡量。

3. 运动员运动损伤风险

人的健康状况会直接影响人的生活、工作状态，这是毋庸置疑的。所以，任何组织进行人力资本投资，都会面临人力资源健康风险的影响。对于体育俱乐部来说，这一影响更为明显。如前所述，由于运动员职业因素的特殊性，运动员除了像一般人力资本那样面临疾病因素的风险外，还由于体育运动本身会对身体施加额外的外力作用而发生各种运动损伤的可能性。运动损伤在竞技体育运动员群体中极其常见，严重的运动损伤会直接影响运动员的运动生涯，轻微的则可能对短期运动训练和比赛造成直接影响。因而，对于体育俱乐部而言，来自运动员本身的各种疾病和运动损伤风险是非常大的，尤其是运动损伤对于职业运动员来讲很多时候是无法避免的。一旦运动员出现各种伤病，起码会对体育俱乐部规划的体育赛事造成一定影响，这种不可控制的外界风险只能是体育俱乐部自身承担。由此可得，体育俱乐部培养运动员面临着巨大的伤病风险，运动员伤病风险可以通过正常训练活动中的运动员病假率、伤病频率和运动员平均伤病时间三方面的指标进行衡量。运动员病假率是指体育俱乐部中运动员病假的人数与所有运动员人数之间的百分比；运动员平均病假时间是指一定时期内平均每位运动员或者说是某个运动员平均病假的时间；运动员伤病频率是指一定时期内平均每个运动员出现伤病的次数。同样，上述三种指标也可以用来衡量体育俱乐部的某个运动员的伤病风险。

上述三种指标计算方法如下：

运动员病假率=请病假运动员人数/体育俱乐部所有运动员人数×100%

运动员平均病假时间=一定时期运动员病假总天数/一定时期内运动员总人数

运动员平均伤病频率=一定时期所有运动员伤病次数/所有运动员人数×100%

4. 运动员参赛风险

体育俱乐部培养运动员的最终目的是提高运动员的竞技能力，以期在体育俱乐部组织的相关体育赛事中取得较好的成绩，吸引更多体育消费者的注意力，提升体育俱乐部的市场影响力，以获得较高的经济收益。所以体育俱乐部投资运动员人力资本，其价值的最终表现形式就是通过运动竞赛来表现，凸显其价值。众所周知，体育赛事活动属于对激励性、对抗性以及对心理素质都要求较高的一种社会活动，尤其是对于高水平的竞技体育赛事而言，这种要求会更高。体育赛事活动特性彰显越明显，对其参与人群来讲，各方面的要求就会越高。因此，体育赛事的参与过程本身就是一种风险相伴的过程。一方面，因为体育赛事本身对参与人员的生理、心理及运动技能等要求较高，激烈的身体对抗极易造成各种难以预料的运动损伤。运动损伤的发生，轻则影响运动员正常的运动训练和参与体育赛事活动，重则有可能终止运动员的运动生涯。这种风险的发生，无论是对于运动员自身还是对于人力资本投资方体育俱乐部而言，都会是一种重大的损失。另一方面，对于体育俱乐部一方而言，关注的是体育比赛的结果，因为只有取得了体育俱乐部预期的比赛结果，俱乐部本身的人力资本投资价值才能显现，获得预期经济收益。相反，一旦预期比赛成绩与实际比赛结果偏离太远，一般情况下也就意味着人力资本投资价值的损失。也就是说，运动员参赛过程中预期体育比赛结果不能实现也是一种潜在的风险类型。

综上所述，运动员参赛风险也是体育俱乐部培养运动员的一种重要风险，且这种风险相对其他风险类型而言发生的概率更高，具体如运动损伤风险、预期比赛结果实现风险。运动员参赛风险受多种因素的影响，主要有运动员身体素质、训练水平、运动员心理素质、赛场环境、对手表现情况、裁判员公正与否及天气、主场因素等。所以，评价运动员参赛风险也可以用这些指标进行衡量。

5. 运动员流动风险

“流动”是经常变动、不固定的意思，如指液体或气体等不断变动[41]。人才流动属于市场经济发展的基本特征，也是市场经济发展的产物。所谓人才流动是指一定时期、一定范围内（地区、行业、岗位等方面）的人才岗位或职业发生变动的过程。人才流动是生产社会化、科学技术整体化发展的客观趋势表现，其实质是根据人才价值规律作用发挥和社会要求而发生的各种人才空间动态变化的现象[41]。人才流动作为生产社会化和市场经济发展的产物，其存在对于组织发展的影响是双向的：一方面，组织人才流动利于人才的更新换代，吸收更好的人才为组织生产经营活动服务；另一方面，组织内经常性的人才流动又会给其生产经营活动造成不利影响，因为人才流动意味着企业长期培养的人力资本价值的流失，而新引进的人才需要一定时间的培养，所以会对组织经营造成不利影响，产生一定的经济损失。这点影响尤其表现在专业性极强的人才流动上，又或者是刚成立的企业，其经济损失会更大。如一家健身企业，花费了巨大的时间成本和资金成本培养了一批优秀的健身教练，但是基于某些因素，健身教练对其所在工作环境并不满意而发生跳槽现象。那么对于这家健身企业来讲，一方面，意味着长期的教练人力资本投资的经济价值损失；另一方面，这家健身企业又无法在短时期内培养能够适应工作岗位需求的新的优秀教练，进而会影响到未来一段时期的生产经营活动。所以，当前大多数专业性人才技能要求极强的企业都面临着一个巨大的风险，就是专业人才的流失。

对于体育俱乐部发展而言，运动员人力资本具有极强的专业性，不可替代性也很强，因而体育俱乐部进行运动员人力资本投资也面临着巨大的人才流失风险。体育俱乐部中，运动员流动的因素主要表现为对工作环境的不适应，对俱乐部薪酬制度不满意，对俱乐部激励机制不满意，家庭原因和工作选择空间大，竞争对手工作环境更好、待遇更优及自身的兴趣偏好。这些因素绝大多数属于可控制性较强的风险类型，因而通过科学、有效的管理措施的实施一定程度上是能够避免或者降低风险发生的概率的。因而，体育俱乐部在培养运动员的过程中，要全面分析运动员的心理和诉求，并结合周围竞争环境，及时地实施尽可能满足运动员诉求的相关措施，以避免由于运动员人力资本流动而带来的经济流失。

6. 运动员培养信用风险

所谓信用，指的是人与人之间、单位与单位之间（组织与组织之间）和各种商品交易关系之间所具有的互信互利的生产关系以及社会关系[42]。信用的基本表现是信誉，信誉是人与人、单位与单位、人与单位及各种商品交易关系之间的双方自觉、自愿的长期反复交往的信用关系表现，信用关系是诸多社会关系中的一种核心关系。市场经济发展的基础就是信用，因而信用风险又是制约一切经济活动运行的核心风险。而通常所谓的信用风险就是指发生在金融领域内的风险类型，一般又指违约风险，指的是交易对手未能按事先契约规定的事项履行义务而造成经济损失的现象，如借贷人没有按规则履行还本付息的约定而使放贷方预期收益与实际收益发生偏离的可能性，其属于金融风险的主要类型[43]。职业体育作为市场经济发展的产物，其经营活动中同样难以规避信用风险的威胁。体育俱乐部培养运动员就面临着难以事先预测的信用风险，威胁着俱乐部人力资本投资价值有效回收的可能。

所谓的运动员培养信用风险，是指运动员在培养过程中，未能严格履行或按规履行事先与体育俱乐部签订的人事义务，出现随时违约和义务履行不到位的可能性，以致体育俱乐部出现运动员人力资本投资价值损失的不确定性。致使运动员培养信用风险产生的相关因素众多，主要分为体育俱乐部方和运动员主观因素两种，但其根本原因则是运动员自身的主观意识造成的信用损失。具体表现因素，如运动员人格、运动员对工作环境的满意度、体育俱乐部对运动员的尊重、体育俱乐部能否严格履行人事合同、各种突发情况等诸多因素。也就是说，体育俱乐部在培养运动员的过程中，任何一方违背信用就可能造成信用风险发生。致使运动员信用风险发生的众多因素中，既有不可控因素，也存在可以控制的风险因素。因而，科学的风险规避和监控措施是能够减少信用风险发生概率的。体育俱乐部进行运动员人力资本投资的过程中，应该重视对运动员信用风险的监管工作，尽可能减少运动员、俱乐部双方信用关系破裂的事件发生，才能增加预期收益实现的可能。评价体育俱乐部运动员信用风险可以根据运动员人格、运动员对工作环境的满意度、体育俱乐部对运动员的尊重、体育俱乐部能否严格履行人事合同、各种突发情况等因素的具体情况进行衡量。

7. 运动员人力资本贬值风险

贬值指的是一定时期内某单位货币价值的下降现象[44]。运动员作为体育俱乐部的一种人力资本，从企业获得收益的角度而言，其根本目的是获得运动员带来的经济价值，所以运动员就是一种典型的价值表现形式。由于受运动员人力资源市场供给、市场需求和宏观政治、经济环境等因素的影响，运动员人力资本在一定时期内是存在贬值的可能性的，这意味着体育俱乐部需要承担培养运动员人力资本的贬值风险。运动员人力资本贬值风险属于典型的相对风险类型，主要受客观环境变化的影响。但是对于体育俱乐部的发展而言，这种风险并不是绝对不可控制的。只要俱乐部拥有优秀的管理者，能够具有对宏观市场供需情况和政治、经济环境的科学把握能力，这种潜在性的风险是能够提前预知的。例如，体育俱乐部在培养某种项目的运动员之前，俱乐部管理者只要对当前宏观经济、政治环境和市场行情进行客观的分析，运用相关管理学、经济学知识对未来宏观环境变化的趋势进行科学预测，再进行运动员培养决策，那么这种风险就很有可能得到有效规避。在此过程中，还能够在明晰客观环境变化规律的基础上，抓住新的发展商机，进行具有价值类型的运动项目的运动员人力资本投资。所以，评价体育俱乐部运动员人力资本贬值风险可以从宏观政治环境、经济环境和市场供需情况几方面进行衡量。

三、俱乐部培养运动员风险之特征

人力资本投资具有连续性、动态性、投资主客体的同一性、投资者与收益者的不完全一致性、投资收益形式获得多样性、投资的开发性和投资形式多样性及投资的异变性和异质性等特征。[45-47]相比一般性人力资本投资，运动员人力资本投资具有独特的特点，包括长期性、高投入、高收益、高风险、多样性、不可预见性、规律性、可控性与不可控同存及具有极强的复杂性、专业性和系统性特征[48]。既然一般性人力资本投资的特征也是运动员人力资本的特点之一，作为运动员人力资本投资的显著或者是根本特性之一，其投资风险又具有哪些特点呢？显然，明晰运动员人力资本投资风险的特征对体育俱乐部规避与减少运动员培养风险是具有重大意义的。基于人力资本投资的相关特征，本部分将对运动员人力资本投资风险的特点进行分析，以期为俱乐部培养运动员风险的防范与管理提供理论基础。笔者认为，俱乐部培养运动员风险主要具有来源的复杂性、变化的难以预见性、类型的多样性、呈现出一定的规律性、具有可控与不可控的双重性等特征，这些特征的形成是由运动员——“人”的主观随意性、经济投资活动的复杂性、投资环境的多变性及竞技体育活动的特殊性造成的。

（一）运动员培养风险来源的复杂性

“复杂”一词的含义是指事物表现出来的各种外部现象混乱、没有头绪，多用于形容事物与事物之间、事物内部之间的相互关系[49]。而所谓的“复杂性”则通常指的是事物局部与整体之间、系统要素之间的非线性形式，由于这种复杂的非线性关系的存在，使我们无法用从整体或者微观上简单地认识事物的内在规律[50]。运动员培养风险的复杂性是指体育俱乐部在投资运动员人力资本的过程中，各种风险表现出非线性关系的特点，使得在其投资过程中面临的众多风险之间的相互关系难以把握，难以简单地寻找出其中的内在规律性特点。

依其定义可知，导致体育俱乐部培养运动员风险来源的复杂性的原因主要有以下三点：①运动员培养风险类型多样、数量众多。从体育俱乐部选拔投资对象之时，投资风险就开始产生，中间经历“劳动合同签订——运动训练——心理引导——思想教育——赛事参与——体育俱乐部投资价值获得”多个阶段，每个阶段都伴随着各种风险因素。②运动员主体的主观随意性。由于运动员是具有活动意识的生物性群体，人的一切活动都受到其本身的思想和心理因素的支配和影响，一旦运动员产生不利于运动训练的思想和心理时，就存在运动员培养风险爆发的可能。③体育经营活动的复杂性。体育活动，尤其是对于职业体育经营这种竞技体育活动而言，无论是运动训练过程还是体育赛事参与阶段，对运动员本身身体素质、心理素质和运动技能水平的要求都很高，一旦某个环节出了问题就会导致体育赛事预期结果难以实现。可以说，体育运动本身就属于一种风险因素十分复杂的社会活动，决定了其参与群体培养过程的复杂性。

（二）运动员培养风险变化的难以预见性

“预见”意指根据普遍的科学规律对事物产生、发展与变化的过程、结果及规律性进行预料，以把握事物的发展方向和规律[51]。评价事物发展能够预知的程度通常用“预见性”这一指标，因此所谓的预见性就是指人对事物发展方向和结果（包括内在规律）所能够准确预判、提前预知的程度[52]。随着人类文明的不断发展和丰富，时至今日，个人对事物发展的预见能力的强弱已经成为衡量一个人综合能力大小的重要指标。自古以来，无论是帝王将相，还是庶民百姓，预见性对他们事业的成就都非常重要。现在，利用知识、科学理论对事物发展变化的过程和结果以及后期的方向进行探索，已经成为各个学科的基本研究方法，且已经广泛应用于社会生活、生产的各个领域。

据其相近概念之内涵，认为俱乐部培养运动员风险的难以预见性，是指运用现有相关理论和知识对运动员人力资本投资过程的发展、变化，风险产生的时间、种类和影响及俱乐部预期经济效益获得进行准确把握和预测的程度较低。其主要有以下两方面的原因：一方面，现有知识、理论有限。目前，针对人力资本投资风险的相关理论和知识并不是十分丰富，多数风险的存在目前多数人仍旧认为是不可避免的，缺乏较为成功的风险管理经验。这点尤其是在俱乐部运动员的人力资本投资领域，针对性的理论研究鲜有涉及，少有的一些相关研究也仅仅是照搬一般性人力资本投资理论和风险管理理论，形成的研究成果较为浅显，系统性、针对性较差。所以，相关理论知识的缺乏是导致俱乐部培养运动员风险难以预测的重要原因。另一方面，源于俱乐部培养运动员风险的复杂性。如前所述，体育俱乐部培养运动员的风险来源广、类型和数量多，风险形成本身受到体育俱乐部管理、国家宏观环境（包括政治、经济、体育）、行业发展状况及运动员运动技能水平和主观因素等多种因素影响，可以说，其风险形成原因涉及方方面面，既有可控制性的风险，又有本身无法控制的风险因素存在，其产生、发展和变化的规律性不易把握，因此也就决定了其风险难以预见的特点。如体育俱乐部培养运动员的过程中，运动员是否会发生运动损伤、运动损伤的程度，根本无法提前预知，更难以对发生运动损伤带来的经济损失进行准确的量化评估。

（三）运动员培养风险类型的多样性

“多样性”一词最初产生于生物学领域，用来描述生物中种类和结构的多样性。运动员培养风险同样具有多样性的特点，这是指体育俱乐部投资运动员人力资本的过程中，面临的所有风险并不是单一的，具有多种类型、不同程度和不同结构的表现。如前所述，造成运动员培养风险来源复杂的主要原因是风险来源的广泛性和风险类别及数量的多样性，所以运动员人力资本投资的多样性是其复杂性的一种表现。另外，运动员人力资本投资风险的多样性加重了风险的复杂性。因为运动员培养风险的多样性和复杂性都基于风险因素的来源，根据不同的风险来源可以划分不同的风险类别。

简单来讲，当前我国体育俱乐部培养运动员风险的多样性主要表现为风险种类的多种多样。如前所述，根据我国体育俱乐部运动员培养风险的类型及来源，将当前运动员人力资本投资风险分为宏观环境层面风险、企业管理层面风险和运动员层面风险三大类型。其中宏观环境风险又包括宏观经济风险、宏观政治风险、运动员供给风险、运动项目变更风险、市场需求风险、体育产业结构调整风险、行业竞争风险七类子风险；企业管理风险主要有运动员培养规划制订风险、运动员投资决策风险、运动员激励机制风险、运动员选材风险、运动员角色配置风险和运动员培养组织资金风险六类；运动员层面风险则有运动员学习能力风险、运动员运动训练风险、运动员运动损伤风险、运动员参赛风险、运动员流动风险、运动员培养信用风险和运动员人力资本贬值风险七类。由此便可看出，当前体育俱乐部培养运动员的风险具有多样性的特征。

（四）运动员培养风险表现出一定规律性

辩证唯物主义认为，规律是指自然界和社会现象之间的本质的、必然的、稳定和反复出现的一种关系。任何事物的外部表现与内部各元素之间都具有一种本质的、稳定的、固定不变的规律性特征，即指事物所具有的客观规律性。俱乐部培养运动员风险同样属于一种规律性的事物，即培养风险的各种表现和内部元素之间都存在一定的、相对稳定的和可探索的规律性关系。虽然我们认为体育俱乐部培养运动员所存在的各种类型风险之间具有复杂性和多样性的特征，风险类型也有绝对风险与相对风险、可控风险与不可控风险之分，但是这并不意味着培养风险就是绝对的杂乱无章、无规可循的。体育俱乐部培养运动员作为一种典型的人力资本投资，同样具有一些资本投资和经济学的相关规律，尤其是风险管理理论和人力资本理论作为专门研究人力资本投资的理论，显然是可运用于运动员人力资本投资分析的，根据相关理论知识也是可以得出一些规律的。首先，俱乐部培养运动员风险具有一定的规律性，只是这种规律性是相对的、局部的。分析发现，运动员人力资本投资所具有的基本特征就属于其规律性表现之一。其次，从体育运动训练的特性出发，可以发现，运动员运动训练期间容易出现运动损伤、运动成绩的取得具有多重影响因素，这些都是一定的规律性表现。运动员培养风险受运动员的身体、心理和社会环境的主要影响，这属于典型的干预因素规律。再次，运动员培养风险受到国家政治和经济的影响，属于运动员人力资本投资的经济学规律表现。同时，运动员培养风险还与其信用遵循直接相关，这既属于道德层面的风险，又与社会信用体系建设息息相关，这些都是规律性的不同表现。最后，体育俱乐部培养运动员风险还表现为不同风险之间具有紧密的联系，一种风险的表现或者发生直接或间接地会引发另一种风险的产生。如体育俱乐部在运动员选材阶段，如果没有选择到优秀的培养对象，显然会对运动员训练期间的风险产生直接影响，运动员训练风险又会直接影响到预期的运动成绩，直至运动员出现贬值风险。可以说，这一连串风险都基于运动员选材风险的产生。可见，运动员培养的各种风险具有相互联系、相互影响和相互制约的关系。

上述运动员培养风险的各种规律性表现，都为我们预防俱乐部培养运动员风险提供了一定的理论和直接指导。所以说，体育俱乐部的运动员人力资本投资风险具有一定的规律性特征，这种规律性是相对于运动员培养整个过程和环节而言的，不是绝对性的存在，但又不是绝对的无规可循。

（五）风险管控具有可控与不可控的双重属性

可控与不可控的双重属性是从体育俱乐部培养运动员风险的管理角度提出的，指的是运动员培养的各种风险从能否有效管理和控制的角度看，其风险具有可控性与不可控性的双重特征。运动员培养风险的可控性和不可控性并不是矛盾的事物，如前所述，运动员培养风险类型多样、结构复杂，我们可以将风险分为可控风险和不可控风险两种，因而其可控与不可控的双重属性也就是针对此提出的。具体来说，运动员人力资本投资不可控的风险大致是宏观层面、环境层面的风险，如宏观经济风险、宏观政治风险、运动员供给风险、运动项目变更风险、市场需求风险、体育产业结构调整风险、行业竞争风险。可控的风险主要是指企业管理层面风险和运动员层面风险。企业管理风险如运动员培养规划制订风险、运动员投资决策风险、运动员激励机制风险、运动员选材风险、运动员角色配置风险和运动员培养组织资金风险；运动员层面风险则如运动员学习能力风险、运动员运动训练风险、运动员运动损伤风险、运动员参赛风险、运动员流动风险、运动员培养信用风险等。显然上述不同类型的风险，有些是可以通过优化管理措施、提高管理水平而预防发生的。有些则属于客观存在的风险类型，很难通过提高管理水平而规避，只能通过一些措施一定程度地降低风险发生的概率。体育俱乐部培养运动员风险的可控性与不可控性双重属性的提出，为我们制定预防运动员培养风险的防范机制提供了一定的理论指导，具有重要的理论和实践意义。

四、俱乐部培养运动员风险成因及影响因素

众所周知，寻求有效解决问题的途径的前提就是明晰致使问题产生的原因和影响因素，俱乐部培养运动员风险也是如此，分析其培养风险产生的原因或影响因素成为规避与防范风险的基本前提条件。辩证唯物主义认为，任何事物和现象之间都存在广泛的联系，即事物与事物之间、事物的内部各要素之间都具有普遍的联系。事物的联系是客观的，也是多样的，事物的因果联系具有客观性和普遍性。因果联系作为事物众多联系的一种，是指现象之间存在的固有的、本质的、引起和被引起的关系，具体而言就是一种事物或现象是由另一种事物或现象引起的。因果联系存在于事物或现象中，一种事物或现象的产生就是另一种事物或现象出现的原因，另一种被引起事物或现象属于这种事物发生、发展和变化的结果。体育俱乐部培养运动员作为一种

人力资本投资事物，其存在的风险也可以认为是事物发展、变化过程中的一种现象表现，因而运动员培养风险作为一种事物的现象形式，也必然存在着一种引发这种现象产生的原因，或者说这种现象作为一种事物发生、发展和变化的起点，也必然存在着一种相应的事物结果与之对应。换言之，也就是在体育俱乐部培养运动员的过程中，同样存在引起和被引起的因果联系，这种因果联系是探索运动员培养风险的管理与防范的重要理论依据。通过前面的分析，课题组认为引起俱乐部培养运动员风险这一现象或结果的原因，即运动员培养风险的成因或影响因素，主要有运动员——“人”的主观随意性、经济投资活动的复杂性、投资环境的多变性及竞技体育活动的特殊性四个方面。

（一）运动员——“人”是主观意识活动之生物

体育俱乐部投资运动员人力资本这一事物中，投资主体是体育俱乐部的所有方和相应的入资股东，被投资的对象则是运动员的竞技能力培养。虽然运动员只是作为一种资本被体育俱乐部进行经济生产投资，看似体育俱乐部拥有投资过程的主动性，选择投资的空间余地较大，运动员本身也不能直接决定俱乐部经营的成败。但是，被投资主体——运动员一日选定，在整个投资过程中，运动员则成为体育俱乐部整个生产经营活动的核心，运动员一方的任何一点变化都可能影响到体育俱乐部的经营效益，甚至可以说直接决定着体育俱乐部经营的成败与否。其根本原因，是对投资对象——运动员的确定就意味着投资风险同时产生，运动员在此投资过程中作为核心资本占据着主导地位，是各种风险产生的主要来源，也是诸多培养风险管理的根本主导者，且运动员主体对很多风险都具有提前知晓和感观的可能。其实质就是指俱乐部培养运动员风险中的大部分风险，都是由运动员主导发生的，且这些风险在管理学上多数属于可控性风险。因此，体育俱乐部在培养运动员风险的管理与防范中，对运动员的安抚、激励和状态监控是风险预防机制制定者应该考虑的重点。

经过对上述内容的分析得出，在体育俱乐部培养运动员的风险中，运动员一方是致使众多风险现象产生的主要来源，运动员自身的各种因素也是众多风险形成的影响因素。这种因果关系存在的根源则在于运动员主体——人是具有主观意识活动的生物，人的思想、心理和思维活动是主导人的行为的根本因素。运动员人力资本投资相比一般性物质资本投资而言，由于主观思想活动的复杂性和难以控制性等特征决定了其投资风险发生的难以预知性和随时性。在俱乐部培养运动员过程中，运动员的生理、心理和思想稍有变化就可能直接表现到平时的运动训练、体育竞赛及信用遵守等方面，其结果就是俱乐部预期规划的培养计划、赛事水平表现和劳务合约难以实现，形成预期经济效益损失的可能。虽然运动员的思想、心理活动难以管控和实时监测，但人的思维和心理活动变化也并不是无规可循的，其同样存在着一定的变化规律。心理学作为专门研究人的心理活动规律变化的一类学科，大量的心理学理论和研究成果就为俱乐部监测运动员心理变化奠定了理论基础。

人是具有主观意识活动的生物，但人同时也具有感情活动。心理学研究显示，人的行为由心理和思想主导，但主导心理和思维活动的主要因素则源于人的基本诉求和周围的环境因素。良好的薪酬待遇、公正的考核机制、畅通的诉求表达机制及严格的管理措施等都是引导运动员心理和思维活动向着良性方向发展的有效措施，体育俱乐部在培养运动员的过程中，对运动员积极的思想教育、需求（诉求）的及时反馈、公平的评价考核机制和薪酬制度等措施对激发运动员工作积极性显得特别重要。例如，体育俱乐部培养运动员的过程中，俱乐部一方为了参加近期要举办的某种体育赛事，组织运动员进行短期的大运动量和高强度的运动训练，旨在短时期提高或者恢复运动员的运动竞赛水平，其目的是通过在体育竞赛中斩获佳绩获得理想的经济收益。但是如果体育俱乐部管理者在运动员训练的过程中，给运动员的待遇不仅没有提高反而下降，加上高强度的运动训练本身就容易致使运动员产生疲倦或厌烦心理，此时运动员就极易滋生反抗俱乐部的心理活动。这种反抗心理活动的不断积累，不仅容易造成运动损伤，而且极有可能让运动员做出反抗俱乐部的行为，如运动员单方面出现停滞运动训练或者拒绝参加体育比赛的情况，严重者则可能出现运动员单方面毁约而离开俱乐部，让俱乐部最终承担巨大的人才培养成本和预期收益损失的风险。

综上所述，俱乐部进行运动员人力资本投资的主要风险来源于具有意识活动的运动员，运动员心理和思维活动的监测是风险管理的核心部分。

（二）竞技体育活动本身之特性

如前所述，体育运动的开展必须以人体的身体素质为基础，高水平的竞技体育更是如此，对参与人员的身体条件提出了极高的要求。相比一般性人体活动而言，体育运动必须要做出实践，具有参与性、实践性和运动性的特征。人类从事任何活动都伴有一定风险发生的概率，体育运动更是如此。人体在参与体育活动的过程中，由于需要身体的具体参与，因而也必须具备一定的身体和心理素质，否则就容易发生运动损伤事件。体育俱乐部培养运动员的根本目的是经营相关体育赛事，通过高质量的体育赛事吸引大众的注意力，从而获得高额的经济收益，因此俱乐部体育属于竞技体育活动的范畴，体育赛事表演是其价值凸显的基本形式。在高水平体育赛事进行过程中，激烈的身体对抗对运动员的身体素质要求极高，同时还要求运动员具备良好的心理素质，以适应瞬息万变的赛事突变情况。此外，体育赛事之所以获得大众的青睐，其根本原因在于体育赛事带有激烈性、竞争性及比赛结果的不确定性，这些特性给予观众强烈的精神刺激，一定程度上满足了体育爱好者追求刺激的心理需求。可以说，体育赛事活动进行得越激烈，越能够受到体育消费者的欢迎。但与此同时，高质量的体育赛事活动也就意味着运动员需要投入更多的精力，伴随着高强度、大运动量和激烈的身体对抗。在高水平的体育赛事举办过程中，体育俱乐部和运动员承担的风险就更大。

所以，体育赛事活动本身所具有的身体参与性、身体对抗性和比赛结果的不确定性等都是导致俱乐部培养运动员风险产生的重要原因，也是影响其风险形成的不可忽视的因素。

（三）人力资本投资活动之复杂性

通过前面对人力资本投资活动的特征进行分析得出，人力资本投资具有连续性、动态性、投资主客体的同一性、投资者与收益者的不完全一致性、投资收益形式获得的多样性、投资的开发性和投资形式的多样性及投资的异变性和异质性等特征。而相对于一般的人力资本投资而言，运动员人力资本投资具有自身较为独特的特征，如长期性、高投入、高收益、高风险、多样性、不可预见性、规律性、可控与不可控同存及具有极强的复杂性、专业性和系统性等特点。运动员人力资本投资活动和运动员培养风险的众多特性都告诉我们这种投资活动之复杂。事物或现象呈现得越是复杂，其规律探索就越不易把握。体育俱乐部培养运动员作为一种人力资本投资形式，显然其培养风险基于其本身事物的复杂性而变得复杂多样，不易管理和规避。换言之，就是由于运动员本身具有复杂的主观意识，加之任何投资活动都伴有各种收益获得的不确定性，体育活动又具有运动损伤风险、比赛结果的不确定性等一系列因素致使俱乐部培养运动员面临的风险众多，且其变化也具有随意性。所以，人力资本投资活动本身的复杂性也是造成体育俱乐部培养运动员风险形成的重要原因。

（四）时代环境与运动员人力资本投资之关联性

时代环境指的是一定时期内一个国家政治、经济和文化等宏观因素的具体情况。一般情况下，一个国家的宏观环境在一定时期内是相对稳定的，除非发生较大的突发情况，其时代环境才会产生较大的变化，这些突发情况一般包括大型的社会动乱、政治变更、经济和文化的巨大变革及战争等。体育俱乐部培养运动员作为一种经济活动，显然无法独立于国家的宏观政治、经济和文化环境之外，其一系列经济活动都会或多或少地受到国家宏观政治、经济和文化的影响。虽然和平时期，我国的宏观环境是相对稳定的、不变的，但是这并不代表体育俱乐部培养运动员的经营活动就不受我国当代环境变化的影响。

当前，我国实行的一系列政治制度、经济制度和文化制度都会影响职业体育的行业发展。我国体育产业的快速发展，正是得益于1978年以来我国政府坚持实行的改革开放和以经济建设为中心的宏观政治、经济和文化制度，这些制度使得国外先进的体育文化、体育产业和体育管理经营等相关知识传播到国内，促进了职业体育的发展。党的十八大以来，新一届中央政府继续深化政治体制、经济体制和文化体制的改革，尤其是国务院首次将促进全民健身和体育产业发展、健康中国建设等上升为国家战略，使得我国职业体育发展迎来了新的机遇。

上述与体育产业直接和间接相关的宏观环境的变化，显然是十分利于我国职业体育的发展的。首先，提升体育产业的地位。近年来，中共中央、国务院及全国各地方政府颁布、制定和出台的一系列制度、政策和法规文件，都是在我国宏观经济增长放缓的形势下提出来的，旨在提升体育产业的地位，促进体育产业发展，培养国民经济新的增长点。其次，有利于激发体育产业发展的市场活力，提升体育产业发展动力。过去一段时期，我国体育产业发展面临的主要问题就是市场投资力量薄弱、行政管理过于死板、产业结构矛盾突出和产业发展资金缺乏等。国家和地方政府对体育产业的重视，鼓励社会更多力量参与体育产业投资，加快推进体育产业管理体制机制改革，将有力地解决之前存在的各种问题，为我国体育产业发展注入新的动力。最后，扩大体育消费，激发体育产业外部动力。市场需求是经济活动开展的基本前提之一，体育产业发展同样如此。一系列有助于体育产业发展的制度、政策和相关法律法规的出台，有利于在全社会形成浓厚的体育消费文化，扩大体育文化产品的市场需求。体育产业将在市场需求扩大的基础上迎来新的春天。

通过上述分析可见，职业体育俱乐部的发展与国家宏观环境紧密联系。俱乐部培养运动员作为体育产业的重要组成部分，显然其经营活动也会受到国家政治、经济和文化环境的影响。国家宏观环境本身就是俱乐部培养运动员风险的重要来源之一，运动员人力资本投资的过程中，一旦国家政治、经济和文化环境发生改变，体育产业行业经营状况势必会受到一定的影响。尤其是国家经济制度的改革，甚至可能直接决定职业体育行业的兴衰。既然体育俱乐部培养运动员与国家政治、经济和文化环境存在紧密的联系，也就意味着不利于职业体育发展的宏观环境因子的产生即成为运动员培养的风险。因此，时代环境与运动员人力资本投资活动的关联性是致其投资风险存在的重要原因。

第四章 俱乐部培养运动员风险的计量体系构建

正如前面所分析，随着我国职业体育市场发展的不断成熟，运动员培养作为一项典型又特殊的人力资本投资类型，在与市场经济环境联系逐渐紧密的过程中，其面临的投资风险也在不断增加，让运动员人力资本投资成为一项风险复杂、不易把握的投资形式。由于运动员人力资本投资活动中存在许多不确定因素，要想尽量规避或减少投资风险，提高俱乐部的经营效益，就必须承认和面对运动员人力资本投资的客观风险，对其风险进行科学评估，做出准确的计量，以便提高运动员人力资本投资风险的管理水平。为此，不仅要对宏观层面（国家政治、经济、文化及行业发展等因素）、中观层面（投资者的风险管理与决策水平）及微观层面（来自运动员方面）的各种风险因素进行全面把握，而且还要对各层面风险的来源、影响因素及具体类型进行甄别，以确定衡量各类风险的具体衡量指标。最终，在确定各种风险衡量指标的基础上，运用投资理论知识和方法对其具体衡量指标进行定性和定量相结合的分析。俱乐部运动员人力资本投资风险的量化，有利于促进投资风险的科学管理，为体育俱乐部进行运动员人力资本投资的风险管理与防范提供理论依据。

基于此，为提升我国职业体育俱乐部运动员人力资本投资风险的科学管理水平，降低因运动员人力资本投资风险带来的经济损失概率，促进我国职业体育产业的快速发展。本课题立足于我国职业体育市场、体育俱乐部未来的经营发展方向，从当前我国体育俱乐部进行运动员人力资本投资风险管理的视角出发，力求制定出一个较为科学、实用和合理的俱乐部培养运动员风险的计量与评估体系，为未来我国体育俱乐部进行运动员人力资本投资的风险管理与规避提供理论参考，为运动员人力资本投资风险的计量与评估提供相应的标准和依据。

一、运动员培养风险计量体系构建方法及工具

运动员人力资本投资的风险复杂、类型众多，俱乐部培养运动员风险计量与评估体系的制定涉及指标广泛，学科知识交叉性极强。因此，俱乐部培养运动员风险的计量与评估体系的构建是一个相对繁杂的系统工程。一方面，面临其“指标的选定既不能过多，造成重复评价，又不能太少，致使相关条件的评价遗漏”的难题；另一方面，制定能够量化运动员风险投资的相关衡量指标是最终目的，因而对确立的指标进行量化处理又是其经历的另一重点和难点。为构建出全面、科学的运动员人力资本投资风险的计量与评估体系，课题组在选定指标阶段充分运用了文献资料、专家访谈的方法，确立科学、全面又系统的计量指标。在指标的量化处理过程中充分借助AHP（层次分析法）层次模型分析法、VaR（风险价值）处理技术及系统动力学方程的指标系统仿真处理的相关量化原理对运动员投资风险的相关指标进行了量化处理。

（一）文献资料与专家访谈法

通过中国知网等网络和图书馆等途径，搜集、整理职业体育俱乐部运动员培养、人力资本理论、人力资本投资风险管理及运动员培养风险的相关论著、论文及资料等文献，整理出前期有关人力资本投资风险或运动员培养风

险的相关指标；再根据当前运动员人力资本投资和一般性人力资本投资面临的各种实际风险，对其相关文献指标进行整理的基础上进一步完善，确立运动员人力资本投资风险计量与评估体系的初步指标；最后，选取相关领域的专家组成专家组，将课题组确立的基本指标交由专家组进行评定，经过专家组的多次筛选，最终确立科学、全面的运动员人力资本投资风险的计量与评估指标。

（二）AHP（层次分析法）

AHP（层次分析法）是一种风险评估方法，又称为模糊数学分析法，是指用于分析复杂系统中各个因素相互关系的一种统计研究方法[53]。俱乐部投资运动员人力资本的过程中，面临的风险层次众多，风险指标涉及广泛，在得出计量运动员人力资本投资风险的指标之后运用该方法对俱乐部运动员培养风险的各层次指标建立模糊模型进行系统要素分解。将俱乐部培养运动员风险的各种指标（要素）划分为不同结构和层次的模型，对每一层结构和模型的指标进行两两比较判定，对于具有相对重要程度的指标建立判断矩阵。通过判断矩阵的最大值及相应特征向量得到各个层次某些要素的权重向量，再根据指标系统仿真处理得出计量指标的权重，以科学、明确地分辨不同指标的重要程度。

（三）VaR（风险价值）处理技术

VaR法又称风险评价模型、受险价值方法或在险价值方法，是20世纪90年代由国际经济与金融咨询机构在研究金融问题的基础上提出的，是一种衡量市场风险的VaR模型[54, 55]。最初，风险价值VaR是指在正常的市场条件下，在一定的持有期和给定的置信水平下，当利率、汇率和价格等市场因素发生波动时，某项资金可能发生的最大损失程度。VaR法作为一种有效的风险评估方法，发展至今已经广泛地应用于各种风险管理与投资领域。因此，VaR法同样适用于俱乐部运动员人力资本投资的风险评估，这种方法可以简单明了地用货币数量关系来表示运动员人力资本投资面临的市场风险的大小，即使是没有相关专业背景的管理者也可以理解和运用此方法来管理运动员人力资本投资的市场风险。此外，VaR法还可以事前计算运动员人力资本投资面临的市场风险大小，相比以往只有事后才能评估出风险大小的方法，其具有无可比拟的优势，也就是说，其具有一定的事前预测风险的特点。当前，VaR法的具体数值估计方法中较为常见的有参数法、历史模拟法和蒙特尔洛模拟法。课题组在制定运动员人力资本投资风险的计量与评估体系的过程中，将充分吸收VaR法的风险评估原理，最大限度地提高运动员人力资本投资风险计量与评估体系的科学性。

二、运动员培养风险计量体系构建原则

运动员人力资本投资风险的计量体系不仅要能够科学、客观地对体育俱乐部培养运动员的风险进行计量，还要在具体俱乐部培养运动员风险的计量与评估的过程中凸显出简单、可行、易懂、明了的优势特点。所以，为了对体育俱乐部培养运动员风险进行科学、系统、全面的评估，运动员人力资本投资风险计量体系的制定和指标的确立阶段都要严格遵循全面系统性原则、简明科学性原则和可行性原则。

（一）全面系统性原则

构建俱乐部运动员人力资本投资风险的计量与评估体系是一项烦琐、复杂的系统工程。计量与评估体系作为一个有机整体应能全面反映和测度当前体育俱乐部培养运动员面临的各种风险的各个方面。所选的计量与评估指标既要涉及俱乐部经营面临的国家宏观经济、政治、文化及职业体育行业发展相关的各种宏观层面的风险，又要涉及体育俱乐部自身管理决策和运动员的各种参赛、运动训练及信用风险指标等微观层面的风险要素。运动员人力资本投资风险计量与评估体系的各指标共同构成评估运动员培养风险的整体，

各指标之间应该是相互独立又相互联系的，相互协调共同提升计量与评估风险工作的科学性。同时，运动员人力资本投资风险计量体系的各指标还具有层次性，从目标层到下一层，层层深入，形成一个有序的计量与评估系统。

（二）简明科学性原则

俱乐部运动员人力资本投资风险的计量与评估体系的构建必须建立在科学的基础上，计量指标的选取必须能科学、真实地反映出当前体育俱乐部进行运动员人力资本投资过程中面临的各种风险。计量与评估指标的设计要简明准确，涉及指标既不能过多、过细使指标之间互相重叠，又不能过少、过简使相应风险信息遗漏。

（三）可行性原则

俱乐部运动员人力资本投资风险的计量与评估体系制定的最终目的，是为职业体育发展过程中运动员人力资本投资风险的计量与防范工作提供相应的理论指导，丰富运动员人力资本投资风险管理的相关学术研究成果，拓宽学术研究领域。因此，运动员人力资本投资风险的计量与评估体系的制定，尤其是在指标选取的过程中，要尽可能地利用现有的统计资料或易于直接从有关部门（科研部门和体育俱乐部经营与管理部门）获得的真实资料。选取的指标既要结合当前体育俱乐部培养运动员风险的实际情况，又要突出未来体育俱乐部培养运动员风险发展的基本趋势。各指标还要具有可测性和可比性，易于量化处理。

三、运动员培养风险计量体系构建程序

俱乐部进行运动员人力资本投资是一个十分复杂的过程，由于涉及的风险指标众多、运用的学科知识宽泛，因而在制定的过程中应依据严格的制定程序，科学地对运动员人力资本投资风险的计量指标进行分类、分层次的确定，以免造成指标的重叠和遗漏。首先，借助现有研究成果，收集与运动员

人力资本投资风险相关的各种文献资料，对相应的指标进行整体把握和大致了解。其次，通过相关领域专家组的评定，筛选出俱乐部投资运动员人力资本风险的相关不合理指标，较为科学地确立指标内容。最后，确立评估指标，并赋予相关指标权重。

（一）文献搜集查找相关指标

随着我国市场经济发展的不断成熟，国外先进的体育产业发展文化传播到国内，未来我国职业体育发展必将更加快速，职业体育市场也会变得愈加复杂化。运动员人力资本作为一项长期性、高收益与高风险并存的投资类型，投资过程复杂、风险涉及广泛，其基本风险来源涉及宏观环境、俱乐部管理及运动员三方面因素，而更深入、更细微的指标则必定涉及宏观政治、经济、文化环境发展变化的影响，尤其是体育产业市场的发展变化将对运动员人力资本投资造成重大影响；企业管理水平评估也是一个十分复杂的系统工作，不仅与俱乐部的管理模式、管理制度、管理方式息息相关，而且与管理者学历、管理认知、管理经验、管理意识及科学管理决策能力紧密相关；投资的对象——运动员作为具有意识活动的人，其行为的不可确定性极强，如运动员的心理、生理、工作认同、家庭环境等因素都是运动员风险发生的重要因素。鉴于此，在制定运动员培养风险计量与评估体系之前，通过相关渠道对当前有关俱乐部运动员培养风险评估与管理的各种文献进行搜集和查阅，力求对目前各类有关运动员人力资本投资风险的计量与评估体系的指标内容做到近乎全面了解。搜集和查阅相关体育资源的评价指标体系后，在对相关文献资料进行整理的基础上初步拟定俱乐部培养运动员风险的计量与评估体系。

课题组搜集及参考的主要文献资料如下：

书籍主要包括：《企业中的人力资本投资研究——基于雇佣关系稳定性的视角》（翁杰，2010）、《企业人力资本投资分析》（刘志坚，2011）、

《人力资本投资效益测度、投资决策及其风险管理——基于我国中小型科技企业人力资本投资现状》（何刚、乔国通，2012）、《中国人力资本投资与回报》（李宏彬、张俊森，2008）、《投资风险管理》（朱平辉，2007）等。

相关学术期刊刊登文章主要包括：《职业体育俱乐部社会责任的特征与内容》（周爱光、闫成栋，2012）、《职业体育俱乐部的经营收益》（黄晓灵、黄菁，2005）、《论中国职业体育俱乐部的法律治理及其核心理念与建构》（邱伟昌、李南筑，2014）、《风险投资进入我国青少年业余足球运动员培养领域的分析》（邱伟昌、李南筑，2007）等。

主要博士、硕士毕业论文包括：《竞技体育后备人才培养风险预警及规避策略研究》（邱凯，2013）、《我国艺术体操运动员参赛风险识别、评估及应对》（游容凡，2011）、《我国优势项目高水平运动员参赛风险的识别、评估与应对》（石岩，2004）、《我国运动员保险的供求分析》（蒋春梅，2012）、《我国冬季测量类项目运动员参赛风险评估与控制机制研究》（王月华，2012）等。

此外，还涉及一些相关网络文献资料。这些资料为课题研究提供了丰富的理论基础。

（二）通过专家更正完善相关评估指标

初步拟定在俱乐部运动员人力资本投资风险的计量与评估体系过程中，势必难以避免相关指标的重复、遗漏和指标不合理等问题。所以，为保证指标能够全面、客观、真实地反映俱乐部培养运动员风险的实际现状与问题，让其风险计量体系与评估体系具备可行性，应该对最初的评价指标进行完善和更正。

俱乐部培养运动员风险的计量与评估体系的制定主要分为自我完善和专家确立两个阶段。

第一阶段：先对选取的指标亲自审查，充分考虑到各个指标之间的相互关系，重点思考评价指标是否存在重复、遗漏、不可行等问题，再次确认相关评价指标。

第二阶段：基于自身水平和主观性的限制，要使评价指标的选取科学合理还必须请行业资深专家对指标进行取舍和评定。本阶段主要是通过问卷调查的形式获取专家的意见。为保证指标体系的科学性，共对8名专家进行了访谈。

（三）确立最终计量与评估指标

对相关专家进行访谈之后，回收8名专家所填的调查问卷并进行整理，最终确立俱乐部培养运动员风险的计量与评估体系的指标构成。在整理专家问卷的过程中，仔细核对了每位专家对各指标适宜程度的意见，尤其是对遗漏指标、重复指标的建议。根据专家的意见对指标体系进行删除、补充和修改处理后得出最终指标，最后根据最终确立的运动员培养风险的计量与评估指标进行层次划分，建立相关矩阵，并依据相关处理办法计算各指标的权重。

四、运动员培养风险计量体系指标构成及释义

为全面、系统地反映当前俱乐部培养运动员风险的实际情况，笔者选取了适宜计量与评估运动员人力资本投资风险的指标。本指标体系在制定过程中，在充分遵循指标选取原则和指标筛选方法的基础上，结合运动员人力资本投资属性和特点，构建了俱乐部进行运动员人力资本投资风险的计量与评估体系。最终确立的计量与评估体系按其指标属性和层次关系可以划分为总目标层、一级指标层、二级指标层和三级指标层四个层次。这四个层次共同构成了俱乐部运动员人力资本投资风险的计量与评估体系。本部分将对俱乐部运动员人力资本投资风险的计量与评估体系的指标构成和相关内涵进行阐述。

（一）运动员培养风险计量体系指标构成

当前，体育俱乐部进行运动员人力资本投资面临的风险众多、涉及因素复杂，因此在构建运动员人力资本投资风险的计量与评估体系的过程中，需将众多而复杂的风险因素和类型按照一定的特点、属性分为相应的层次。由运动员人力资本投资风险计量与评估体系指标构成要素列表（见表1）可知，总目标层、一级指标层、二级指标层和三级指标层共同构成了俱乐部运动员人力资本投资风险的计量与评估体系。

1. 总目标层S

总目标层是体现运动员人力资本投资风险的计量与评估体系的总目标，即衡量当前俱乐部培养运动员面临的各种风险因子，整体把握和确定俱乐部进行运动员人力资本投资活动的风险因素，从而有针对性地提出防范措施。

2. 一级指标层A

一级指标层是计量与评估运动员人力资本投资风险的第一层指标，又称为评价宏观层。这层指标对运动员人力资本投资过程中的风险来源进行宏观层次的把握，也是对总目标层的进一步细分。这层次的指标能够大致概括出运动员人力资本投资风险的来源，由投资环境A_1、企业管理A_2、运动员自身A_3、参赛对手A_4、参赛环境A_5、教练员A_6这6个指标构成。

3. 二级指标层B

二级指标层又称为评价中观层，是一级指标层的深层细化，能够从中观的角度对俱乐部培养运动员的风险进行细致而具体的描述。这一指标层由国家政治风险B_1、国家经济制度风险B_2、国家经济增长风险B_3、国家文化风险B_4、人才供给风险B_5、人才需求风险B_6、行业结构调整风险B_7、行业竞争风险B_8、管理者管理能力风险B_9、运动员投资决策风险B_{10}、运动员选材风险B_{11}、运动员培养规划风险B_{12}、运动员激励机制风险B_{13}、运动员配置风险B_{14}、管理资金风险B_{15}、运动员参赛风险B_{16}、运动员信用风险B_{17}、运动损伤风险B_{18}、运动员训练风险B_{19}、运动员流动风险B_{20}、运动员家庭因素B_{21}、对手体能风险B_{22}、对手技术能力风险B_{23}、对手技术发挥风险B_{24}、对手比赛经验风险B_{25}、对手伤病风险B_{26}、对手自我管理风险B_{27}、对手战术风险B_{28}、对手心理风险B_{29}、比赛时间与地点B_{30}、气候与地理环境风险B_{31}、裁判员风险B_{32}、竞赛规则风险B_{33}、教练管理能力风险B_{34}、教练人际关系风险B_{35}、教练业务素质风险B_{36}、教练责任意识风险B_{37}共37个指标构成。

根据专家建议，将原设计中“国家经济制度风险B_2”和“国家经济增长风险B_3”两项指标合并为“国家经济风险B_2”指标；将原设计中“对手技术能力风险B_3”和“对手技术发挥风险B_{24}”两项指标合并为“对手技术风险B_{23}”指标。为保持原设计中二级指标和三级指标的延续性，后文中无B_3和B_{24}两项指标，二级指标由37个变为35个。

4. 三级指标层C

三级指标层也叫评价微观层，是评价指标体系的最终衡量标准，也是完成评价总目标评定的具体评定指标层。课题所确定的俱乐部运动员人力资本投资风险的计量与评估体系的三级指标层包括143项指标，分别为执政者稳定性C_1、政治制度稳定性C_2、法律法规稳定性C_3、经济增长速度C_4、地区经济增长率C_5、财政税收制度C_6、经济制度变化C_7、经济政策变化C_8、国家主流文化C_9、文化开放度C_{10}、体育思想文化发展C_{11}、国家运动员人才供给量C_{12}、地区运动员人才供给量C_{13}、市场运动员需求量C_{14}、行业运动员更新周期C_{15}、主流消费方向流动C_{16}、体育管理体制变革C_{17}、体育发展政策调整C_{18}、国家扶持体育项目变更C_{19}、体育法律法规变更C_{20}、市场同类企业存量C_{21}、同类企业增量预测C_{22}、与竞争企业实力差距C_{23}、管理者学历C_{24}、管理者管理经验C_{25}、管理者战略意识C_{26}、管理者责任意识C_{27}、投资决策正确率C_{28}、决策实施民主情况C_{29}、决策适宜企业实际情况C_{30}、决策符合国家发展趋势C_{31}、决策是否符合法律法规C_{32}、决策符合市场消费趋势C_{33}、运动员天赋条件C_{34}、运动员对项目的适宜性C_{35}、选材测试方法的科学性C_{36}、选材测试结果的真实性C_{37}、运动员运动发展预测C_{38}、训练目标确立的合理性C_{39}、运动训练计划的科学性C_{40}、运动训练实施的可行性C_{41}、运动训练实施保障条件C_{42}、运动训练实施的严格性C_{43}、激励机制数量C_{44}、激励机制的公平性C_{45}、激励机制的有效性C_{46}、激励机制的合理性C_{47}、人员数量培养的合理性C_{48}、人员位置安排的科学性C_{49}、管理资金满足情况C_{50}、运动员体能水平与发挥C_{51}、运动员技术水平与发挥C_{52}、运动员战术水平与发挥C_{53}、运动员心理素质C_{54}、运动员参赛经验情况C_{55}、运动员比赛伤病突发情况C_{56}、运动员自身行为控制C_{57}、运动员责任意识C_{58}、运动员大局意识C_{59}、运动员守信意识C_{60}、运动员法律意识C_{61}、运动员对工作的满意度C_{62}、运动员防范伤病意识C_{63}、运动员伤病防范措施C_{64}、运动员伤病积累情况C_{65}、运动员原有伤病程度C_{66}、运动员赛中伤病情况C_{67}、运动员训练努力程度C_{68}、运动员训练水平C_{69}、运动员对训练满意度C_{70}、运动员训练计划完成情况C_{71}、运动员训练中心理变化C_{72}、运动员训练中行为克制C_{73}、运动员对教练员满意度C_{74}、运动员运动损伤防范能力C_{75}、运动员训练出勤率C_{76}、运动员对薪酬待遇满意度C_{77}、运动员对工作环境满意度C_{78}、运动员人际关系处理情况C_{79}、运动员对管理制度满意度C_{80}、运动员跳槽机会多少C_{81}、运动员对激励机制满意度C_{82}、运动员家庭经济情况C_{83}、运动员家庭幸福程度C_{84}、运动员与亲人联系便捷性C_{85}、家人对运动员工作要求C_{86}、对手体能充沛C_{87}、惧怕对手某种身体素质C_{88}、对手比赛身体表现优良C_{89}、对手技术发挥超常C_{90}、对手技高一筹C_{91}、对手技术熟练C_{92}、对手技术运用熟巧C_{93}、对手参赛经验丰富C_{94}、对手对己方研究透彻C_{95}、对手比赛环境适应性强C_{96}、对手突发情况处理能力强C_{97}、对手伤病防范意识强C_{98}、对手赛前未积累伤病C_{99}、对手赛前准备充分C_{100}、对手纪律意识强C_{101}、对手自我防范意识强C_{102}、对手战术意识强C_{103}、对手战术运用成熟C_{104}、对手战术采取精辟C_{105}、未接触过对手采取战术C_{106}、对手战术压制己方战术C_{107}、对手心理素质好C_{108}、对手自信心强C_{109}、对手感觉极佳C_{110}、对手心理放松C_{111}、对手心理适应性强C_{112}、比赛因故停滞或延后C_{113}、比赛时间提前C_{114}、比赛时间运动员不适应C_{115}、运动员气候适应C_{116}、气候恶劣C_{117}、气候多变C_{118}、交通与生活不便C_{119}、裁判员执裁不公C_{120}、裁判员业务素质不高C_{121}、裁判员存在歧视意识C_{122}、裁判员偏袒对手C_{123}、竞赛规则不公平C_{124}、竞赛规则突然改变C_{125}、竞赛规则不利于己方运动员C_{126}、教练学历层次C_{127}、教练管理意识C_{128}、教练管理计划制订C_{129}、教练赛时指挥能力C_{130}、教练处理突发情况能力C_{131}、运动员位置合理性C_{132}、教练人际交往能力C_{133}、教练与运动员关系C_{134}、运动员对教练的满意度C_{135}、教练运训知识掌握C_{136}、教练执教经验C_{137}、教练战术掌握C_{138}、教练技能掌握C_{139}、教练对对手掌握能力C_{140}、教练的法律法规意识C_{141}、教练的职业意识C_{142}、教练的责任意识C_{143}。

表1 运动员人力资本投资风险计量与评估体系指标构成要素

总目标层S	一级指标层A	二级指标层B	三级指标层C
俱乐部运动员人力资本投资风险计量与评估体系S	投资环境A_1	国家政治风险B_1	执政者稳定性C_1 政治制度稳定性C_2 法律法规稳定性C_3
		国家经济风险B_2	经济增长速度C_4 地区经济增长率C_5 财政税收制度C_6 经济制度变化C_7 经济政策变化C_8
		国家文化风险B_4	国家主流文化C_9 文化开放度C_{10} 体育思想文化发展C_{11}
		人才供给风险B_5	国家运动员人才供给量C_{12} 地区运动员人才供给量C_{13}
		人才需求风险B_6	市场运动员需求量C_{14} 行业运动员更新周期C_{15} 主流消费方向流动C_{16}

续表

总目标层S	一级指标层A	二级指标层B	三级指标层C
俱乐部运动员人力资本投资风险计量与评估体系S	投资环境A_1	行业结构调整风险B_7	体育管理体制变革C_{17} 体育发展政策调整C_{18} 国家扶持体育项目变更C_{19} 体育法律法规变更C_{20}
		行业竞争风险B_8	市场同类企业存量C_{21} 同类企业增量预测C_{22} 与竞争企业实力差距C_{23}
	企业管理A_2	管理者管理能力风险B_9	管理者学历C_{24} 管理者管理经验C_{25} 管理者战略意识C_{26} 管理者责任意识C_{27}
		运动员投资决策风险B_{10}	投资决策正确率C_{28} 决策实施民主情况C_{29} 决策适宜企业实际情况C_{30} 决策符合国家发展趋势C_{31} 决策是否符合法律法规C_{32} 决策符合市场消费趋势C_{33}
		运动员选材风险B_{11}	运动员天赋条件C_{34} 运动员对项目的适宜性C_{35} 选材测试方法的科学性C_{36} 选材测试结果的真实性C_{37} 运动员运动发展预测C_{38}
		运动员培养规划风险B_{12}	训练目标确立的合理性C_{39} 运动训练计划的科学性C_{40} 运动训练实施的可行性C_{41} 运动训练实施保障条件C_{42} 运动训练实施的严格性C_{43}
		运动员激励机制风险B_{13}	激励机制数量C_{44} 激励机制的公平性C_{45} 激励机制的有效性C_{46} 激励机制的合理性C_{47}
		运动员配置风险B_{14}	人员数量培养的合理性C_{48} 人员位置安排的科学性C_{49}
		管理资金风险B_{15}	管理资金满足情况C_{50}
	运动员自身A_3	运动员参赛风险B_{16}	运动员体能水平与发挥C_{51} 运动员技术水平与发挥C_{52} 运动员战术水平与发挥C_{53} 运动员心理素质C_{54} 运动员参赛经验情况C_{55} 运动员比赛伤病突发情况C_{56} 运动员自身行为控制C_{57}

续表

总目标层S	一级指标层A	二级指标层B	三级指标层C
俱乐部运动员人力资本投资风险计量与评估体系S	运动员自身A_3	运动员信用风险B_{17}	运动员责任意识C_{58} 运动员大局意识C_{59} 运动员守信意识C_{60} 运动员法律意识C_{61} 运动员对工作的满意度C_{62}
		运动损伤风险B_{18}	运动员防范伤病意识C_{63} 运动员伤病防范措施C_{64} 运动员伤病积累情况C_{65} 运动员原有伤病程度C_{66} 运动员赛中伤病情况C_{67}
		运动员训练风险B_{19}	运动员训练努力程度C_{68} 运动员训练水平C_{69} 运动员对训练满意度C_{70} 运动员训练计划完成情况C_{71} 运动员训练中心理变化C_{72} 运动员训练中行为克制C_{73} 运动员对教练员满意度C_{74} 运动员运动损伤防范能力C_{75} 运动员训练出勤率C_{76}
		运动员流动风险B_{20}	运动员对薪酬待遇满意度C_{77} 运动员对工作环境满意度C_{78} 运动员人际关系处理情况C_{79} 运动员对管理制度满意度C_{80} 运动员跳槽机会多少C_{81} 运动员对激励机制满意度C_{82}
		运动员家庭因素B_{21}	运动员家庭经济情况C_{83} 运动员家庭幸福程度C_{84} 运动员与亲人联系便捷性C_{85} 家人对运动员工作要求C_{86}
	参赛对手A_4	对手体能风险B_{22}	对手体能充沛C_{87} 惧怕对手某种身体素质C_{88} 对手比赛身体表现优良C_{89}
		对手技术风险B_{23}	对手技术发挥超常C_{90} 对手技高一筹C_{91} 对手技术熟练C_{92} 对手技术运用熟巧C_{93}
		对手比赛经验风险B_{25}	对手参赛经验丰富C_{94} 对手对己方研究透彻C_{95} 对手比赛环境适应性强C_{96} 对手突发情况处理能力强C_{97}
		对手伤病风险B_{26}	对手伤病防范意识强C_{98} 对手赛前未积累伤病C_{99}

续表

总目标层S	一级指标层A	二级指标层B	三级指标层C
俱乐部运动员人力资本投资风险计量与评估体系S	参赛对手A_4	对手自我管理风险B_{27}	对手赛前准备充分C_{100} 对手纪律意识强C_{101} 对手自我防范意识强C_{102}
		对手战术风险B_{28}	对手战术意识强C_{103} 对手战术运用成熟C_{104} 对手战术采取精辟C_{105} 未接触过对手采取战术C_{106} 对手战术压制己方战术C_{107}
		对手心理风险B_{29}	对手心理素质好C_{108} 对手自信心强C_{109} 对手感觉极佳C_{110} 对手心理放松C_{111} 对手心理适应性强C_{112}
	参赛环境A_5	比赛时间与地点B_{30}	比赛因故停滞或延后C_{113} 比赛时间提前C_{114} 比赛时间运动员不适应C_{115}
		气候与地理环境风险B_{31}	运动员气候适应C_{116} 气候恶劣C_{117} 气候多变C_{118} 交通与生活不便C_{119}
		裁判员风险B_{32}	裁判员执裁不公C_{120} 裁判员业务素质不高C_{121} 裁判员存在歧视意识C_{122} 裁判员偏袒对手C_{123}
		竞赛规则风险B_{33}	竞赛规则不公平C_{124} 竞赛规则突然改变C_{125} 竞赛规则不利于己方运动员C_{126}
	教练员A_6	教练管理能力风险B_{34}	教练学历层次C_{127} 教练管理意识C_{128} 教练管理计划制订C_{129} 教练赛时指挥能力C_{130} 教练处理突发情况能力C_{131} 运动员位置合理性C_{132}
		教练人际关系风险B_{35}	教练人际交往能力C_{133} 教练与运动员关系C_{134} 运动员对教练的满意度C_{135}
		教练业务素质风险B_{36}	教练运训知识掌握C_{136} 教练执教经验C_{137} 教练战术掌握C_{138} 教练技能掌握C_{139} 教练对对手掌握能力C_{140}
		教练责任意识风险B_{37}	教练的法律法规意识C_{141} 教练的职业意识C_{142} 教练的责任意识C_{143}

（二）运动员培养风险计量体系指标释义

1. 投资环境A_1

投资环境是指俱乐部进行运动员人力资本投资过程中面临的一切宏观、微观环境因素的总和。俱乐部培养运动员作为一项典型而复杂的人力资本投资类型，其投资受到一切市场环境因素的影响，市场环境的变化随时可能影响俱乐部进行运动员人力资本投资效益的获得。利于运动员人力资本投资环境的出现会增加运动员人力资本的投资价值，降低其投资收益获得的风险。相反，不利于运动员人力资本投资环境的出现，则可能使运动员人力资本出现贬值，从而影响俱乐部投资收益的获得。由于投资环境的变化具有不确定性和随时性的特点，因此运动员人力资本投资面临投资环境变化方面的风险。俱乐部进行运动员人力资本投资，面临的投资环境主要包括国家政治环境、经济环境、文化环境、人才供给环境、人才需求环境、行业结构调整情况、行业竞争情况七个方面的内容，每一方面内容的不可预见性变更都会成为运动员人力资本投资面临的风险因素（见表2）。

（1）所谓的国家政治风险，是指一个国家（地区）一定时期内面临的相关政治因素的综合，即所谓的时代政治背景。不同的国家或地区，政治环境的稳定性存在较大差异，稳定的政治环境有利于一切生产经营活动的进行。同样，对于俱乐部进行运动员人力资本投资而言也是如此。所以，国家（地区）政治环境变化的不确定性就是所谓的政治风险。评价运动员人力资本投资的国家政治风险可从执政者稳定性、政治制度稳定性和法律法规稳定性三个方面进行。

（2）国家经济风险。国家经济环境是指一定时期内，国家经济发展状况、企业生存和相关国家经济制度、政策等因素的总和，国家经济环境是决定消费者购买能力、支出模式的重要因素，它包括消费者的收入变化情况，消费者的消费情况等内容。一定时期内，国家经济环境虽然相对比较稳定，但是其经济制度和政策发生变化的可能性较大。而运动员人力资本投资作为一项经济活动，必然受到国家一系列经济方针、制度和政策的影响。因此，运动员人力资本投资面临的经济环境变化的不确定性即指经济风险。计量与评估运动员人力资本投资经济风险的指标主要包括经济增长速度、地区经济增长率、财政税收制度、经济制度和经济政策。

表2 俱乐部运动员人力资本投资环境风险构成

一级指标A	二级指标B	三级指标C
投资环境A_1	国家政治风险B_1	执政者的稳定性C_1 政治制度的稳定性C_2 法律法规的稳定性C_3
	国家经济风险B_2	经济增长速度C_4 地区经济增长率C_5 财政税收制度C_6 经济制度变化C_7 经济政策变化C_8
	国家文化风险B_4	国家主流文化C_9 文化开放度C_{10} 体育思想文化发展C_{11}
	人才供给风险B_5	国家运动员人才供给量C_{12} 地区运动员人才供给量C_{13}
	人才需求风险B_6	市场运动员需求量C_{14} 行业运动员更新周期C_{15} 主流消费方向流动C_{16}
	行业结构调整风险B_7	体育管理体制变革C_{17} 体育发展政策调整C_{18} 国家扶持体育项目变更C_{19} 体育法律法规变更C_{20}
	行业竞争风险B_8	市场同类企业存量C_{21} 同类企业增量预测C_{22} 与竞争企业实力差距C_{23}

（3）文化风险是指一定时期内一个国家或地区相关文化因素变化的不确定性。如今年流行什么文化，明年又是如何？这些都难以提前预测，因而也是一种重要的风险。运动员人力资本投资受到国家文化发展的重要影响，如一定时期内相关国家流行某种体育消费文化，那么这种文化对俱乐部进行运动员人力资本投资的价值增值则起到促进作用，相反，流行不利于体育消费文化发展的文化元素，其投资则面临文化干扰的风险。运动员人力资本投资的文化风险因素可以通过国家主流文化、文化市场开放度及体育思想文化发展情况等

指标进行评价。

（4）人才供给和需求风险，是指一定时期内，一个国家或地区市场中供给和需求的体育人才量变化的不确定性。运动员人力资本投资与市场中相关运动员的市场供给量和需求量联系紧密，较大的运动员人才需求量和较小的运动员人才供给量则利于运动员资本升值，较小的运动员人才需求量和较大的运动员人才供给量则可能导致运动员人力资本贬值。运动员人才供给风险可从国家运动员人才供给量和地区运动员人才供给量两方面进行计量与评估；运动员人才市场需求风险可从市场运动员需求量、行业运动员更新周期、主流消费方向流动三个指标进行计量与评估。

（5）行业结构调整风险，是指一定时期内国家或地区职业体育行业发展的相关变化的不确定性，与运动员人力资本投资息息相关。行业结构的突然调整如果有利于职业体育市场发展，那么则有利于运动员人力资本投资；如果其调整不利于甚至是阻碍职业体育市场发展，那么则对运动员人力资本投资不利。因此，运动员人力资本投资面临行业结构调整的风险。评价其风险可从体育管理体制变革、体育发展政策调整、国家扶持体育项目变更和体育法律法规变更四个指标进行。

（6）行业竞争风险。优胜劣汰是市场经济发展的基本特征之一，在市场经济不断成熟的今天，任何体育俱乐部都面临着来自市场的一些竞争。对手越多、越强大，则表明竞争越强，运动员人力资本投资效益的获得越难。相反，对手越少、实力越弱，则表明竞争越弱，运动员人力资本投资效益的获得则相对较容易。评价运动员人力资本投资的行业竞争风险可从市场同类企业存量、同类企业增量预测、与竞争企业实力差距等指标进行。

2. 企业管理A_2

企业管理是指一切有关企业生产经营活动的计划、组织、指挥、协调和控制等活动实施的总称。企业管理是企业开展一切经营活动必不可缺的基本活动之一，也是企业经营效益获得的基本保障。科学的管理活动有利于企业经营效益的获得，相反，低水平的、违反生产和管理规律的管理活动则会阻碍企业的发展，影响企业经营效益的实现。但由于企业的管理活动是一项十分复杂的系统工程，管理活动的实施涉及因素众多，管理过程不易把握。因此，企业管理活动也存在一定的不确定性。所谓的企业管理风险就是指企业实施管理活动效果显现的不确定性，也就是说，管理活动实施之前，管理者很难提前预测到活动实施效果能否准确实现。或者说，管理活动实施的正确与否，多数情况下是无法提前科学预知的。对于俱乐部培养运动员而言，其人力资本投资同样面临企业管理活动的风险，这些风险主要包括管理者管理能力风险、运动员投资决策风险、运动员选材风险、运动员培养规划风险、运动员激励机制风险、运动员配置风险、管理资金风险（见表3）。

表3　运动员人力资本投资企业管理风险构成元素

一级指标A	二级指标B	三级指标C
企业管理A_2	管理者管理能力风险B_9	管理者学历C_{24} 管理者管理经验C_{25} 管理者战略意识C_{26} 管理者责任意识C_{27}
	运动员投资决策风险B_{10}	投资决策正确率C_{28} 决策实施民主情况C_{29} 决策适宜企业实际情况C_{30} 决策符合国家发展趋势C_{31} 决策是否符合法律法规C_{32} 决策符合市场消费趋势C_{33}
	运动员选材风险B_{11}	运动员天赋条件C_{34} 运动员对项目的适宜性C_{35} 选材测试方法的科学性C_{36} 选材测试结果的真实性C_{37} 运动员运动发展预测C_{38}
	运动员培养规划风险B_{12}	训练目标确立的合理性C_{39} 运动训练计划的科学性C_{40} 运动训练实施的可行性C_{41} 运动训练实施保障条件C_{42} 运动训练实施的严格性C_{43}
	运动员激励机制风险B_{13}	激励机制数量C_{44} 激励机制的公平性C_{45} 激励机制的有效性C_{46} 激励机制的合理性C_{47}
	运动员配置风险B_{14}	人员数量培养的合理性C_{48} 人员位置安排的科学性C_{49}
	管理资金风险B_{15}	管理资金满足情况C_{50}

（1）管理者管理能力风险。管理者是指拥有企业（组织）所有权的人，或者是企业或组织专门聘请管理日常经营活动的人。管理者是企业组成的核心，是企业开展一切经营活动的核心要素，管理者的管理能力对企业的经营活动有着重要的影响。管理能力强的管理者可以推动企业生产经营的发展，使企业不断发展壮大；管理能力弱的管理者不利于企业的发展，有时甚至成为企业发展成败的关键影响因素。运动员人力资本投资作为俱乐部重要的生产经营活动，需要管理能力强的管理者进行投资管理，才利于运动员人力资本价值的实现。计量与评估运动员人力资本投资管理者风险可以从管理者学历、管理者管理经验、管理者战略意识、管理者责任意识四个指标进行考察。

（2）运动员投资决策风险。“投资需谨慎，投资有风险”这句话是对投资活动特性的形象描述。运动员人力资本投资作为一项特殊的投资形式，因为运动员培养的特殊性让其活动变得更加复杂。那么在投资活动中，一系列投资决策的决定也就意味着风险开始产生。因而，只有能力较强的管理者才能采取相对正确的投资决策，才能发现商机、抓住运动员特点、把握机会、采取科学有力的投资决策，从而尽量降低投资决策的风险性，提高投资效益回收的概率。评价运动员投资决策风险可以从投资决策正确率、决策实施民主情况、决策适宜企业实际情况、决策符合国家发展趋势、决策是否符合法律法规、决策符合市场消费趋势这几个指标进行。

（3）运动员选材风险。运动员选材是一切竞技体育活动开展的前提条件，也是最初始的工作。对于竞技体育发展而言，运动员选材至关重要，选材的科学性是决定后期运动员培养价值的可靠保证。体育俱乐部培养运动员是为了发展职业体育，为俱乐部获得预期的经济收益，所以运动员选材对于俱乐部运动员人力资本投资而言同样重要。一旦选材失败，也就意味着俱乐部将承担运动员人力资本投资价值损失的巨大风险。但由于运动员选材属于一种十分复杂的工作，对选材方法、测试手段、选材人的知识水平、选材经验及相关科技手段的要求都较高，因此运动员选材也存在失败的风险。同样，也就意味着俱乐部进行运动员人力资本投资存在投资对象选择失败的风险。运动员选材风险可以从运动员天赋条件、运动员对项目的适宜性、选材测试方法的科学性、选材测试结果的真实性和运动发展预测这几个方面进行计量。

（4）运动员培养规划风险。俱乐部进行运动员培养不是一蹴而就的，其过程需要制订科学、可行的培养计划，更需要提前对培养方法、途径及具体措施、形式等做好规划，以确立运动员培养的方向，明确培养需要注意的事项及培养需要达到的具体目的等。可以说，培养规划制订是俱乐部进行运动员培养的必经阶段，也是俱乐部应该注重的工作环节。由于不同的培养规划可以导致不同的培养方向及最终培养目标的实现，因此科学的培养规划对俱乐部培养运动员而言十分重要。同时，正因为运动员培养规划的重要性及其制订的难度，导致了培养规划制订也属于俱乐部进行运动员人力资本投资的风险因素。计量与评估运动员培养规划风险应从训练目标确立的合理性、运动训练计划的科学性、运动训练实施的可行性、运动训练实施保障条件、运动训练实施的严格性这几个指标进行。

（5）运动员激励机制风险。激励机制是指企业或组织为调动员工积极性而制定的一系列奖励优秀员工的规则制度的总和。激励机制对于企业发展而言至关重要，适宜的激励机制有利于调动员工工作的积极性，提高员工的生产效率，进而提升企业的经济效益；而激励机制不合理则可能激发员工的负面情绪，阻碍企业生产经营活动的进行，从而影响企业经济效益的实现。运动员作为职业体育俱乐部经营发展的一项核心人力资本，同样需要制定一套完整、科学的激励机制，以调动运动员工作的积极性。否则，俱乐部在培养运动员的过程中极易导致运动员负面情绪的出现，增加运动员培养的风险。一般而言，计量与评估企业或组织激励机制的风险从激励机制数量、激励机制的公平性、激励机制的有效性、激励机制的合理性这几个指标进行。俱乐部进行运动员人力资本投资的过程中，对于激励机制风险的计量与评估可以依照上述指标。

（6）运动员配置风险。运动员配置是指俱乐部在培养运动员的过程中，对各运动员位置安排的情况。由于不同的运动项目具有不同的特点，对运动员的身体、生理等方面的要求也不尽相同，因而运动员位置角色的安排显得十分重要。加上很多体育赛事属于团队完成，在战术的实行过程中对于不同运动员角色的要求差异性较大。因此，在运动员培养过程中，其角色安排的科学合理与否一定程度上决定着预期赛事的结果。正因为运动员位置安排对预期赛事结果实现和运动员个人价值的发挥影响巨大，因而也就存在运动员角色配置的风险。不合理的运动员角色安排显然不利于运动员个人价值的实现，更不利于俱乐部预期结果的实现，进而造成预期经济效益的损失。所以，应从人员数量培养的合理性和人员位置安排的科学性两方面对运动员配置风险进行计量与评估。

（7）管理资金风险。资金是企业进行一切生产经营活动的基础，充裕的流动资金也是保障企业各种活动正常开展的核心要素。俱乐部进行运动员人力资本投资，由于时间成本、资金成本都较大，因而必须有充足的流动资金作为保障，这样运动员培养工作才能正常进行，才能保障俱乐部预期经营效益的获得。所以，对俱乐部运动员人力资本投资的资金充裕情况进行考察也属于风险计量指标之一。

3. 运动员自身A_3

运动员作为俱乐部进行人力资本投资的核心要素，来自运动员自身层面的风险是整个运动员人力资本投资风险的主要构成部分，也是整个风险中最难预测和控制的风险类型。由于运动员既作为人力资本投资的对象，又作为体育比赛的参赛人员，加之本身的生理、心理和行为等因素的不可控制性，使得运动员层面的风险类型众多、涉及广泛，从而难以把握，因此对运动员层面风险的计量与评估是其重中之重。计量与评估运动员层面的风险可以分为运动员参赛风险、运动员信用风险、运动损伤风险、运动员训练风险、运动员流动风险、运动员家庭因素六大指标（见表4）。

表4　运动员人力资本投资运动员自身方面的风险元素

一级指标A	二级指标B	三级指标C
运动员自身A_3	运动员参赛风险B_{16}	运动员体能水平与发挥C_{51} 运动员技术水平与发挥C_{52} 运动员战术水平与发挥C_{53} 运动员心理素质C_{54} 运动员参赛经验情况C_{55} 运动员比赛伤病突发情况C_{56} 运动员自身行为控制C_{57}
	运动员信用风险B_{17}	运动员责任意识C_{58} 运动员大局意识C_{59} 运动员守信意识C_{60} 运动员法律意识C_{61} 运动员对工作的满意度C_{62}
	运动损伤风险B_{18}	运动员防范伤病意识C_{63} 运动员伤病防范措施C_{64} 运动员伤病积累情况C_{65} 运动员原有伤病程度C_{66} 运动员赛中伤病情况C_{67}
	运动员训练风险B_{19}	运动员训练努力程度C_{68} 运动员训练水平C_{69} 运动员对训练满意度C_{70} 运动员训练计划完成情况C_{71} 运动员训练中心理变化C_{72} 运动员训练中行为克制C_{73} 运动员对教练员满意度C_{74} 运动员运动损伤防范能力C_{75} 运动员训练出勤率C_{76}
	运动员流动风险B_{20}	运动员对薪酬待遇满意度C_{77} 运动员对工作环境满意度C_{78} 运动员人际关系处理情况C_{79} 运动员对管理制度满意度C_{80} 运动员跳槽机会多少C_{81} 运动员对激励机制满意度C_{82}
	运动员家庭因素B_{21}	运动员家庭经济情况C_{83} 运动员家庭幸福程度C_{84} 运动员与亲人联系便捷性C_{85} 家人对运动员工作要求C_{86}

（1）运动员参赛风险。运动竞赛这一特定社会活动中出现的风险，是运动员在参加运动竞赛活动的各个阶段或环节可能遇到的风险，也就是在运动

竞赛中发生各种干扰运动员比赛发挥或导致运动员比赛成绩下降事件的可能性。运动员参赛风险是由竞赛中的不利或干扰事件引发的，它所导致的结果可能是降低运动员竞赛成绩或使运动员在竞赛中发挥失常。从运动员赛前准备阶段开始，就充满着各种不同的参赛风险及这些参赛风险的组合，它们出现的概率和所造成的影响也各不相同。计量与评估运动参赛风险可以从运动员体能水平与发挥、运动员技术水平与发挥、运动员战术水平与发挥、运动员心理素质、运动员参赛经验情况、运动员比赛伤病突发情况、运动员自身行为控制这几个指标进行。

（2）运动员信用风险。一般情况下，俱乐部在进行运动员人力资本投资之前，都会和运动员在自愿互利的前提下订立劳动合同，合同涉及的内容包括薪酬情况、工作时间、工作制度、违反惩罚等。而劳动合同的遵循必须建立在双方自愿、信守承诺的基础之上，因而信用对于俱乐部进行运动员人力资本投资而言显得十分重要。俱乐部和运动员任何一方一旦缺乏信用、违背劳动合同，也就意味着双方雇佣关系的解除。然而，现实中却出现了大量的运动员单方撕毁合同的情况，给俱乐部带来巨大的经济损失。因此，信用风险是俱乐部培养运动员面临的重要风险类型。计量与评估运动员信用风险可从运动员责任意识、运动员大局意识、运动员守信意识、运动员法律意识、运动员对工作的满意度这几个指标进行。

（3）运动损伤风险。体育运动的本质特征就是需要身体的参与，而在参与的过程中，其运动量、运动强度及身体对抗等特点赋予了体育运动风险性。无论是在平时的运动训练过程中，还是在具体的体育比赛中，运动员都会面临运动损伤的风险。而一旦发生较为严重的运动损伤则直接影响运动员的正常训练和参赛，对俱乐部预期经济效益的实现产生重大影响。因此，运动损伤风险成为俱乐部开展运动员人力资本投资的巨大威胁。计量与评估运动员运动损伤风险可以从运动员防范伤病意识、运动员伤病防范措施、运动员伤病积累情况、运动员原有伤病程度、运动员赛中伤病情况这几个指标进行。

（4）运动员训练风险。运动训练是竞技体育活动进行的重要组成部分，对于职业体育俱乐部而言同样如此，培养运动员的主要工作就是运动训练工作。而运动员作为运动训练参与的核心人员，其一切因素都会影响到运动训练的进行。所以，运动员参与运动训练的具体情况直接与运动训练效果的实现相关，只有积极地参与运动训练工作，运动员提升运动水平的可能性才更大。在计量与评估运动员运动训练风险的过程中，可以从运动员训练努力程度、运动员训练水平、运动员对训练满意度、运动员训练计划完成情况、运动员训练中心理变化、运动员训练中行为克制、运动员对教练员满意度、运动员运动损伤防范能力、运动员训练出勤率这几个指标进行。

（5）运动员流动风险。随着市场经济的不断深化和发展，人才流动以一种常见的现象广泛存在于各个行业中。从一定角度看，人才流动是市场经济发展的产物，适当的人才流动是利于市场经济发展的，对企业的生产经营活动也会产生积极的推动效应。但是，任何事物都存在合理的范围，人才流动同样如此。对于企业而言，适当的人才流动利于企业发展，而过度的人才流动就意味着人才的流失，也意味着企业人力资本价值的损失。俱乐部培养运动员存在人才流动的风险，运动员作为俱乐部花高成本投资的资本类型，一旦运动员向外流动就意味着俱乐部进行的投资成本的损失。因此，对于运动员人力资本投资而言，运动员人才流动风险属于一种重要的风险类型。计量和评估运动员流动风险可以从运动员对薪酬待遇满意度、运动员对工作环境满意度、运动员人际关系处理情况、运动员对管理制度满意度、运动员跳槽机会多少、运动员对激励机制满意度这几个指标进行。

（6）运动员家庭因素。运动员也是社会中普通的一员，同样扮演着多种社会角色，而家庭成员就属于运动员众多社会角色的一种，这种角色对运动员方方面面的发展都会产生重大的影响。体育俱乐部在进行运动员人力资本投资的过程中，运动员的家庭角色就很可能成为众多投资风险中的一种，一旦运动员家庭诉求与运动员现阶段所处环境或愿望相违背时，运动员随时可能会根据家庭成员的要求停止工作。因此，对运动员家庭环境的考察也是其投资风险中需要重点计量与评估的内容，其主要指标包括运动员家庭经济情况、运动员家庭幸福程度、运动员与亲人联系便捷性、家人对运动员工作要求这几个方面的内容。

4. 参赛对手A_4

参赛对手方面的风险是指在体育比赛中，竞争对手各方面素质可能出现压倒己方运动员的一种情况，如对方运动员在比赛中超常发挥、对手运动员心理素质极强、对手战术运用十分成熟等都属于参赛对手方面的风险。参赛对手在比赛中的各种表现越好，越不利于己方运动员，越增加比赛结果失败的可能性，造成俱乐部预期比赛结果及经济效益不能顺利实现。由于参赛对手不属于俱乐部管理的范畴，因此任何一家俱乐部都不可能对参赛对手比赛的表现情况提前了解清楚，也就意味着参赛对手对于俱乐部运动员人力资本投资而言本身就属于一种风险因素。参赛对手风险主要分为对手体能风险、对手技术风险、对手比赛经验风险、对手伤病风险、对手自我管理风险、对手战术风险、对手心理风险七种（见表5）。

（1）对手体能风险。体能是通过力量、速度、耐力、协调、柔韧、灵敏等运动素质表现出来的人体基本的运动能力，是运动员竞技能力的重要构成因素。体能水平的高低与人体的形态学特征及人体的机能特征有着密切的关系。人体的形态学特征是其体能的质构性基础，人体的机能特征是其体能的生物功能性基础。任何运动项目的进行都必须要求有一定体能条件做支撑，在竞技体育活动中，运动员的体能是完成运动项目的基本条件。因此，体能素质对于运动员而言显得极为重要。不言而喻，一旦己方运动员面临的对手体能素质极好，很多体能素质方面都出现了压制己方运动员的情况，显然对于己方运动员来说是不利的。同样，对手体能素质对于体育俱乐部来讲也是一种风险，对手拥有好的体能素质显然会威胁到俱乐部人力资本投资的价值。计量与评估对手体能风险可从对手体能充沛、惧怕对手某种身体素质、对手比赛身体表现优良三个指标进行。

表5　运动员人力资本投资参赛对手风险元素

一级指标A	二级指标B	三级指标C
参赛对手A_4	对手体能风险B_{22}	对手体能充沛C_{87} 惧怕对手某种身体素质C_{88} 对手比赛身体表现优良C_{89}
	对手技术风险B_{23}	对手技术发挥超常C_{90} 对手技高一筹C_{91} 对手技术熟练C_{92} 对手技术运用熟巧C_{93}
	对手比赛经验风险B_{25}	对手参赛经验丰富C_{94} 对手对己方研究透彻C_{95} 对手比赛环境适应性强C_{96} 对手突发情况处理能力强C_{97}
	对手伤病风险B_{26}	对手伤病防范意识强C_{98} 对手赛前未积累伤病C_{99}
	对手自我管理风险B_{27}	对手赛前准备充分C_{100} 对手纪律意识强C_{101} 对手自我防范意识强C_{102}
	对手战术风险B_{28}	对手战术意识强C_{103} 对手战术运用成熟C_{104} 对手战术采取精辟C_{105} 未接触过对手采取战术C_{106} 对手战术压制己方战术C_{107}
	对手心理风险B_{29}	对手心理素质好C_{108} 对手自信心强C_{109} 对手感觉极佳C_{110} 对手心理放松C_{111} 对手心理适应性强C_{112}

（2）对手技术风险和战术风险。对手的技术和战术跟对手体能素质一样，也是参赛运动员和俱乐部面临的一种风险。对手技术风险可从对手技术发挥超常、对手技高一筹、对手技术熟练、对手技术运用熟巧四方面指标进行计量与评估；对手战术风险计量与评估从对手战术意识强、对手战术运用成熟、对手战术采取精辟、未接触过对手采取战术、对手战术压制己方战术五个指标进行。

（3）对手比赛经验风险。比赛经验是体育竞赛制胜的重要因素，因此对于运动员而言，对手的比赛经验丰富也就意味着一种风险的存在。俱乐部也是一样，期待参赛对手缺乏比赛经验，从而通过赢得比赛获得相应的经济收益。在计量与评估对手比赛经验这一风险内容时，可从对手参赛经验丰富、对手对己方研究透彻、对手比赛环境适应性强、对手突发情况处理能力强这几个指标进行。

（4）对手伤病风险。对手伤病风险是指在比赛过程中或时间段，竞争对手出现意外运动损伤的情况，包括赛前伤病的积累。对手运动损伤的出现显然是利于己方运动员比赛的，这种事件发生的概率虽然极低，但也并不是不可能，毕竟体育比赛的激烈性容易导致运动员运动损伤，这在现实中的例子也不胜枚举。评价对手伤病风险应从对手伤病防范意识强和对手赛前未积累伤病两个指标进行。

（5）对手自我管理风险。自我管理指的是人的自我控制与防范能力。对于俱乐部运动员人力资本投资风险而言，对手自我管理风险就是指运动员在比赛过程中的自我心理、思想、行为的克制能力及预防意外情况发生的能力的不确定性。竞技体育比赛对运动员的生理、心理、思想等方面的素质要求极高，因此运动员的自我管理能力很大程度上可以避免赛中意外事件的发生，但是对手一旦自我管理能力较强，则对于参赛运动员和俱乐部而言就是一种风险事件。评价对手自我管理风险可从对手赛前准备充分、对手纪律意识强、对手自我防范意识强这几个指标进行。

（6）对手心理风险。较高的心理素质是支撑体育比赛完成的必备条件，因此运动员的心理素质很大程度上是决定体育赛事制胜的重要因素。对手心理素质较好对于己方运动员而言就是一种压力，对于俱乐部预期经济收益的获得就属于一种风险事件。评价对手心理素质风险的指标包括对手心理素质好、对手自信心强、对手感觉极佳、对手心理放松、对手心理适应性强。

5. 参赛环境A_5

竞技体育赛事的制胜因素众多，一般是运动员的训练水平、竞技水平、比赛表现、比赛环境等多重因素综合作用的结果。参赛环境是指进行体育比赛时，运动员面临的一切状况的总称。参赛环境虽然不是决定竞赛成绩取得的关键因素，但是参赛环境的重要性不言而喻，如熟悉的环境利于运动员竞赛水平的体现，而陌生的环境则不利于运动员发挥正常的运动水平。一般来讲，明显影响运动员竞赛成绩的参赛环境主要包括比赛时间与地点、气候与地理环境风险、裁判员风险、竞赛规则风险四方面的内容（见表6）。这四方面的内容对于运动员人力资本投资的整个过程而言，就是威胁运动员理想价值实现的风险事件，因此应该作为一种风险指标进行考量。

表6　运动员人力资本投资参赛环境风险元素

一级指标A	二级指标B	三级指标C
参赛环境A_5	比赛时间与地点B_{30}	比赛因故停滞或延后C_{113} 比赛时间提前C_{114} 比赛时间运动员不适应C_{115}
	气候与地理环境风险B_{31}	运动员气候适应C_{116} 气候恶劣C_{117} 气候多变C_{118} 交通与生活不便C_{119}
	裁判员风险B_{32}	裁判员执裁不公C_{120} 裁判员业务素质不高C_{121} 裁判员存在歧视意识C_{122} 裁判员偏袒对手C_{123}
	竞赛规则风险B_{33}	竞赛规则不公平C_{124} 竞赛规则突然改变C_{125} 竞赛规则不利于己方运动员C_{126}

（1）比赛时间与地点。职业体育比赛一般情况下都是提前一年甚至更久就确定了比赛时间，从现实情况来看，大多数职业体育比赛时间已经形成一种固有的规律，一般不会轻易地改变。这里的比赛时间包括比赛日期和比赛时段（白天或夜晚）等内容。由于竞技体育比赛中运动员需要较长的时间进行训练准备，而运动训练又必须按照严格的训练计划来进行。各阶段的运

动训练需要花费多长时间完成相关主要训练目标和任务都是提前做好了计划的，一般不容随意更改，否则就会影响运动训练计划的正常实施。因此，运动员人力资本投资面临着比赛时间与地点变更的风险事件影响，应该注意比赛时间与地点的动态变化。计量与评估运动员人力资本投资比赛时间与地点风险主要从比赛因故停滞或延后、比赛时间提前、比赛时间运动员不适应这几个指标进行，主要看运动员对比赛时间与地点的适应程度。

（2）气候与地理环境风险。气候通常包括一定时间段内某地的温度、阳光、雨水、阴天及空气质量、能见度等指标，地理因素则通常包括地形、地势、交通等多种指标。气候与地理环境因素对竞技体育比赛的影响巨大，这一方面表现为某些运动项目对天气具有一定的要求，另一方面则是运动员经过长期运动训练和比赛，对某地固有的天气和地理环境因素产生了适应性，而一旦来到新的环境，势必需要一段时间适应气候与地理环境，进而适应体育比赛。可见，气候与地理环境变化的不确定性对于运动员人力资本投资而言也属于一种风险事件。计量与评估气候与地理风险可从运动员气候适应、气候恶劣、气候多变、交通与生活不便等指标进行。

（3）裁判员风险与竞赛规则风险。裁判员作为竞赛规则的执行者，是各类竞技体育赛事进行必需的参与人员。裁判员是保证竞赛规则被严格执行、确保体育赛事公平公正的重要人员。但由于裁判员在现实中受到各种利诱等影响的情况客观存在，很多体育比赛中出现过裁判员“吹黑哨”的丑闻。竞赛规则是竞技体育赛事进行的约束法则，竞赛规则的出现是促进竞技体育良性发展的有力武器。但是，竞赛规则是人制定的，有时候也存在众多问题而阻碍竞技体育的发展，如竞赛规则制定中受政治因素的干扰而出现为政治服务的现象，而且竞赛规则在正式体育竞赛之前都可能出现变更的可能，因此存在一定的风险概率会影响到己方运动员正常参赛。所以运动员正常参赛受到裁判员风险事件和竞赛规则的影响。裁判员风险计量与评估可从裁判员执裁不公、裁判员业务素质不高、裁判员存在歧视意识、裁判员偏袒对手这四个指标进行；竞赛规则风险可从竞赛规则不公平、竞赛规则突然改变、竞赛规则不利于己方运动员这三个指标进行。

6. 教练员A_6

教练员是俱乐部进行运动员人力资本投资过程中除运动员之外的又一重要人员，运动员人力资本投资过程中的运动员选材、运动员管理、运动训练开展、运动训练计划制订、比赛指挥等属于教练员的职责范围。整个运动员人力资本投资过程中，教练员是和运动员接触最多的人，也是关系最为密切之人。所以，运动员人力资本投资的很多风险因素来自教练员一方。一旦教练员出现职责失误和人际交往能力等方面的问题，就意味着运动员人力资本投资具有风险事件发生的概率。教练员方面的风险主要包括教练管理能力风险、教练人际关系风险、教练业务素质风险、教练责任意识风险这几个内容（见表7）。

表7　运动员人力资本投资教练员风险元素

一级指标层A	二级指标层B	三级指标层C
教练员A_6	教练管理能力风险B_{34}	教练学历层次C_{127} 教练管理意识C_{128} 教练管理计划制订C_{129} 教练赛时指挥能力C_{130} 教练处理突发情况能力C_{131} 运动员位置合理性C_{132}
	教练人际关系风险B_{35}	教练人际交往能力C_{133} 教练与运动员关系C_{134} 运动员对教练的满意度C_{135}
	教练业务素质风险B_{36}	教练运训知识掌握C_{136} 教练执教经验C_{137} 教练战术掌握C_{138} 教练技能掌握C_{139} 教练对对手掌握能力C_{140}
	教练责任意识风险B_{37}	教练的法律法规意识C_{141} 教练的职业意识C_{142} 教练的责任意识C_{143}

（1）教练管理能力风险。对运动员和运动队进行日常生活管理和运动训练管理是教练的重要职责，也属于教练需要完成的重要任务。由于每位运动

员都有自己的性格，管理难度大，所以对教练的管理能力提出了较高要求。教练出现管理履行职责不到位和管理失误的问题时，就可能直接激发运动员的不满而造成运动员价值流失风险事件发生。所以，在运动员人力资本投资过程中，需要对教练的管理能力风险进行计量与评估，其主要指标包括教练学历层次、教练管理意识、教练管理计划制订、教练赛时指挥能力、教练处理突发情况能力、运动员位置合理性。

（2）教练人际关系风险。教练的人际交往能力十分重要，由于其多数时间直接接触运动员，运动员多数时间也是直接面对教练员。因而，无论对于运动员还是教练员来说，和谐、融洽的关系势必能够为双方带来归属感，为运动队带来幸福感。相反，如果是紧张、激烈的关系则让整个竞赛和训练生活变得无味，使得运动员厌烦和害怕这种紧张氛围，最终产生离队的想法。因此，教练的人际交往能力对于运动员人力资本投资而言极其重要，其也属于一种影响运动员人力资本投资价值实现的风险事件。可以从教练人际交往能力、教练与运动员关系、运动员对教练的满意度三个指标进行计量与评估。

（3）教练业务素质风险。俱乐部进行运动员人力资本投资事件中，俱乐部聘任教练的根本目的就是为运动员或运动队开展运动训练和进行赛事指挥，以确保运动员价值增值，获得更多经济收益。但众所周知，运动训练和赛事指挥需要丰富的专业理论知识、丰富的实战经验及灵活应变的能力。因此，教练的业务素质能力就成为影响其价值的核心要素，一个优秀运动员的成绩获得，可以说教练起到了决定性的作用。对于俱乐部进行运动员人力资本投资而言同样如此，也需要优秀的教练对其运动员进行训练和管理，促进运动员资本保值增值。正因如此，教练的业务能力就成为运动员人力资本投资的一类风险事件。计量与评估教练业务素质风险可从教练运训知识掌握、教练执教经验、教练战术掌握、教练技能掌握、教练对对手掌握能力这几个指标进行。

（4）教练责任意识风险。教练的责任意识决定其能否尽职尽责地对运动员进行训练和管理，决定其能否严格履行契约对运动员进行培养。由于运动训练是一个长期的过程，每位教练员各阶段的训练方式有所不同，而运动员对运动训练又具有身体的适应性特点，一旦出现突然变更教练的情况，势必难以在短时间内适应新的训练方式。对于俱乐部培养运动员而言，时间就是价值，教练的突然跳槽等事件都极有可能影响运动员人力资本投资预期价值的实现。而这些事件的发生都与教练的责任意识具有很大的联系，因此教练的责任意识对于运动员人力资本投资而言属于一类风险事件。教练责任意识风险的计量与评估可从教练的法律法规意识、教练的职业意识、教练的责任意识等方面进行。

五、运动员培养风险计量体系指标量化处理

俱乐部培养运动员风险的计量与评估分为定性评价与定量分析两种。采用定性方法量化评价指标的缺点是带有浓厚的个人主观色彩，计量指标的信度和效度都较差；使用定量方法量化风险计量指标，在实际应用中的可操作性存在欠缺，部分指标根本无法完全进行量化。因此，在制定俱乐部培养运动员风险的计量与评估体系的过程中选用了定性与定量评价指标相结合的方法，即结合特尔菲法和模糊数学分析法对其相应指标条件进行考量，以求能够客观、有效地对俱乐部运动员人力资本投资面临的各种风险因素进行计量评定。

（一）计量指标量化原理及程序

目前各种评价指标体系的指标量化方法主要有综合价值评价模型、AHP（层次分析法）、综合评分法、价值工程法等。在这些方法中，AHP（层次分析法）具有明显的优势。它能将一个复杂的问题表示为有序的递阶层次结构，并能将数据、专家意见和分析者的客观判断直接有效地结合，特别是它

能对决策者的经验判断给予量化，对目标结构复杂且又在缺少必要数据的情况下更为实用。而俱乐部运动员人力资本投资风险的计量与评估是一个复杂的综合性工程，需要考虑政治、经济、文化、投资管理和运动员等方面的风险因素，还有专家意见及分析者的客观判断。因此，运用AHP（层次分析法）来计量与评估俱乐部培养运动员的风险则较为合适。AHP（层次分析法）是由美国著名运筹学家萨提（T.L. Saaty）在20世纪70年代初提出的一种行之有效的确定权重系数的方法。它本质上是一种决策思维方式，常常应用于多指标评价体系中对各评价指标权重的确定。AHP把复杂的问题分解为各个组成因素，将这些因素按支配关系分组而形成有序的递阶层次结构。递阶层次结构一般从上到下由目标层、准则层、子准则层、方案层构成，通过两两比较的方式确定层次中诸因素的相对重要性，然后综合专家的判断以决定诸因素相对重要性的总排序。

运用AHP（层次分析法）来确定俱乐部培养运动员人力资本投资风险计量指标的权重，大体可以分为四个步骤。

1. 确定层次结构

俱乐部进行运动员人力资本投资面临的风险因素众多、涉及广泛，考量时应首先在对各风险因素做全面调查和分析的基础上，明确主要风险因素和主要项目的内容，然后再按风险来源及属性进行分组，按其内在结构关系分为若干层次和方面，建立合理的评价层次结构模型。

2. 构建判断矩阵

在构建评价体系之后，上下层次指标之间的隶属关系则被确定，假定上一层次的指标A做为准则，对下一层次的指标$a1$、$a2$…an有支配关系。针对指标A，两个指标ai、aj相比较的重要性程度aij，aij的取值据表8进行，对于n个指标来说，得到两两比较的判断矩阵P：

$$P=(aij)\ nxn\ (i,\ j=1,\ 2,\ \cdots,\ n) \qquad (1)$$

判断矩阵P若具有如下特性：

$aii=1$；$aij=1/aji$；$aij=aik/ajk$

则称 P 为一致性矩阵。

表8　标度及其含义

重要性标度	定义描述
1	表示两个指标相比，一个指标相对另一个指标同等重要
3	表示两个指标相比，一个指标相对另一个指标稍显重要
5	表示两个指标相比，一个指标相对另一个较为重要
7	表示两个指标相比，一个指标相对另一个明显重要
9	表示两个指标相比，一个指标相对另一个极为重要
2，4，6，8	上述相邻判断的中值
倒数	表示指标ai与aj比较得判断aij，则aj与ai比较得判断$aij=1/aji$

3. 层次单排序及一致性检验

由于俱乐部运动员人力资本投资风险计量与评估体系的复杂性及判断的主观性，所得到的判断矩阵往往难以符合完全一致性，特别是在指标多、规模大的情况下。因此，为使所得的分析结果合理化，需要对构造的判断矩阵做一致性检验，以保证不发生太大的偏差。对判断矩阵可用平均随机一致性指标RI值来衡量其是否具有一致性。当随机一致性比率$CR<0.10$时，就认为判断矩阵具有令人满意的一致性；当$CR>0.10$时，就要调整判断矩阵，直至满意为止。随机一致性比率CR可通过以下公式求得：

$$CR=CI/RI \qquad (2)$$

$$CI=(\lambda max-n)/(n-1) \qquad (3)$$

$$CR=(\lambda max-n)/[RI\times(n-1)] \qquad (4)$$

λmax为矩阵 P 的最大特征根，RI为平均随机一致性指标（其值查表9可得）。

表9　判断矩阵平均随机一致性指标RI值表

矩阵阶数	1	2	3	4	5	6	7	8	9
RI	0.00	0.00	0.52	0.89	1.12	1.26	1.36	1.41	1.45

4. 层次指标权重的计算

层次单排序的任务可以归结为计算判断矩阵的特征根和特征向量问题。一般采用方根法或和积法计算判断矩阵*P*的最大特征根λmax：所对应的特征向量，再经过归一化处理，即为各评判指标的重要性排序，也就是指标权重分配。采用方根法计算出最大特征根λmax和它所对应的标准化特征向量*W*，即找出同一层中各因素相对于上一层某因素相对重要性的排序权重。

其中，λmax采用方根法进行求解：

（1）计算判断矩阵每一行元素的乘积；

（2）将*Mi*开*N*次方；

（3）计算λmax；

（4）对向量*Wi*进行归一化处理，得*Wi*；

（5）对各层次指标的权重值进行整理。

（二）赋予计量指标权重

根据获得的各指标定值，分别构造一级指标、二级指标和三级指标的判断矩阵，并根据层次分析法确定权重的步骤，把各个判断矩阵输入Matlab 6.5软件，并分别进行*CR*一致性检验，在遵循“随机一致性比率$CR<0.10$”的前提下，求得各层次评价指标的权重值（见表10）。

表10 运动员人力资本投资风险计量指标权重

指标A	序位	权重	指标B	序位	权重	指标C	序位	权重
投资环境A_1	3	0.1800	国家政治风险B_1	7	0.0568	执政者稳定性C_1	3	0.2038
						政治制度稳定性C_2	2	0.3401
						法律法规稳定性C_3	1	0.4561
			国家经济风险B_2	1	0.1904	经济增长速度C_4	5	0.1635
						地区经济增长率C_5	4	0.1750
						财政税收制度C_6	3	0.1794
						经济制度变化C_7	1	0.3010
						经济政策变化C_8	2	0.1811
			国家文化风险B_4	4	0.1510	国家主流文化C_9	3	0.2380
						文化开放度C_{10}	2	0.3410
						体育思想文化发展C_{11}	1	0.4210
			人才供给风险B_5	5	0.1498	国家运动员人才供给C_{12}	2	0.4185
						地区运动员人才供给C_{13}	1	0.5815
			人才需求风险B_6	2	0.1815	市场运动员需求量C_{14}	2	0.3214
						行业运动员更新周期C_{15}	3	0.2774
						主流消费方向流动C_{16}	1	0.4012
			行业调整风险B_7	3	0.1794	体育管理体制变革C_{17}	3	0.2534
						体育发展政策调整C_{18}	2	0.2614
						国家扶持体育项目变更C_{19}	1	0.2915
						体育法律法规变更C_{20}	4	0.1937
			行业竞争风险B_8	6	0.0911	市场同类企业存量C_{21}	2	0.3612
						同类企业增量预测C_{22}	3	0.2178
						与竞争企业实力差距C_{23}	1	0.4210

续表

指标A	序位	权重	指标B	序位	权重	指标C	序位	权重
企业管理A_2	2	0.1814	管理能力风险B_9	2	0.1612	管理者学历C_{24}	4	0.1556
						管理者管理经验C_{25}	1	0.3416
						管理者战略意识C_{26}	2	0.2713
						管理者责任意识C_{27}	3	0.2315
			投资决策风险B_{10}	1	0.1754	投资决策正确率C_{28}	1	0.1925
						决策实施民主情况C_{29}	6	0.1445
						决策适宜企业情况C_{30}	5	0.1512
						决策符合国家趋势C_{31}	4	0.1610
						决策是否符合法规C_{32}	2	0.1808
						决策符合市场趋势C_{33}	3	0.1700
			运动员选材风险B_{11}	3	0.1500	运动员天赋条件C_{34}	1	0.2974
						运动员对项目的适宜性C_{35}	2	0.2812
						选材测试方法的科学性C_{36}	4	0.1915
						选材测试结果的真实性C_{37}	5	0.0286
						运动员运动发展预测C_{38}	3	0.2013
			培养规划风险B_{12}	7	0.1212	训练目标确立的合理性C_{39}	2	0.2516
						运动训练计划的科学性C_{40}	1	0.2814
						运动训练实施的可行性C_{41}	3	0.2311
						运动训练实施保障C_{42}	5	0.0849
						运动训练实施的严格性C_{43}	4	0.1510
			激励机制风险B_{13}	5	0.1300	激励机制数量C_{44}	4	0.1836
						激励机制的公平性C_{45}	3	0.2432
						激励机制的有效性C_{46}	1	0.2918
						激励机制的合理性C_{47}	2	0.2814
			运动员配置风险B_{14}	6	0.1221	人员数量培养合理性C_{48}	1	0.6452
						人员位置安排科学性C_{49}	2	0.3548
			管理资金风险B_{15}	4	0.1401	管理资金满足情况C_{50}	1	1.0000

续表

指标A	序位	权重	指标B	序位	权重	指标C	序位	权重
运动员自身A_3	1	0.2012	运动员参赛风险B_{16}	1	0.2010	运动员体能水平发挥C_{51}	5	0.1200
						运动员技术水平发挥C_{52}	6	0.1101
						运动员战术水平发挥C_{53}	7	0.0904
						运动员心理素质C_{54}	4	0.1512
						运动员参赛经验情况C_{55}	2	0.1742
						运动员比赛伤病情况C_{56}	1	0.1911
						运动员自身行为控制C_{57}	3	0.1630
			运动员信用风险B_{17}	2	0.1915	运动员责任意识C_{58}	3	0.2014
						运动员大局意识C_{59}	4	0.1851
						运动员守信意识C_{60}	1	0.2510
						运动员法律意识C_{61}	5	0.1313
						对工作的满意度C_{62}	2	0.2312
			运动损伤风险B_{18}	5	0.1412	运动员防范伤病意识C_{63}	5	0.1313
						运动员伤病防范措施C_{64}	4	0.1851
						运动员伤病积累情况C_{65}	3	0.2014
						运动员原有伤病程度C_{66}	2	0.2312
						运动员赛中伤病情况C_{67}	1	0.2510
			运动员训练风险B_{19}	3	0.1746	运动员训练努力程度C_{68}	3	0.1321
						运动员训练水平C_{69}	1	0.1520
						运动员对训练满意度C_{70}	6	0.1056
						训练计划完成情况C_{71}	4	0.1212
						运动员心理变化C_{72}	5	0.1114
						运动员行为克制C_{73}	7	0.0901
						对教练员满意度C_{74}	2	0.1411
						运动损伤防范能力C_{75}	8	0.0798
						运动员训练出勤率C_{76}	9	0.0667
			运动员流动风险B_{20}	4	0.1612	对薪酬待遇满意度C_{77}	1	0.1810
						对工作环境满意度C_{78}	5	0.1601
						人际关系处理情况C_{79}	6	0.1545
						对管理制度满意度C_{80}	2	0.1752
						运动员跳槽机会多少C_{81}	3	0.1677
						对激励机制满意度C_{82}	4	0.1615
			运动员家庭因素B_{21}	6	0.1305	运动员家庭经济情况C_{83}	1	0.3010
						运动员家庭幸福程度C_{84}	4	0.1708
						运动员与亲人联系便捷性C_{85}	2	0.2742
						亲人对运动员工作要求C_{86}	3	0.2540

续表

指标A	序位	权重	指标B	序位	权重	指标C	序位	权重
参赛对手A_4	6	0.1251	对手体能风险B_{22}	2	0.1612	对手体能充沛C_{87}	2	0.3510
						惧怕对手身体素质C_{88}	3	0.2468
						对手比赛表现优良C_{89}	1	0.4022
			对手技术风险B_{23}	3	0.1500	对手技术发挥超常C_{90}	1	0.2914
						对手技高一筹C_{91}	2	0.2810
						对手技术熟练C_{92}	4	0.1664
						对手技术运用熟巧C_{93}	3	0.2612
			比赛经验风险B_{25}	1	0.1754	对手参赛经验丰富C_{94}	1	0.2914
						对己方研究透彻C_{95}	3	0.2612
						对环境适应性强C_{96}	2	0.2810
						突发情况处理能力强C_{97}	4	0.1664
			对手伤病风险B_{26}	4	0.1401	对手伤病防范意识强C_{98}	1	0.5740
						对手赛前未积累伤病C_{99}	2	0.4260
			自我管理风险B_{27}	5	0.1300	对手赛前准备充分C_{100}	1	0.4022
						对手纪律意识强C_{101}	3	0.2468
						对手自我防范意识强C_{102}	2	0.3510
			对手战术风险B_{28}	6	0.1221	对手战术意识强C_{103}	3	0.2014
						对手战术运用成熟C_{104}	4	0.1851
						对手战术采取精辟C_{105}	5	0.1313
						未接触过对手采取战术C_{106}	2	0.2312
						对手战术压制己方C_{107}	1	0.2510
			对手心理风险B_{29}	7	0.1212	对手心理素质好C_{108}	4	0.1851
						对手自信心强C_{109}	5	0.1313
						对手感觉极佳C_{110}	1	0.2510
						对手心理放松C_{111}	3	0.2014
						对手心理适应性强C_{112}	2	0.2312

续表

指标A	序位	权重	指标B	序位	权重	指标C	序位	权重
参赛环境A_5	5	0.1513	比赛时间与地点B_{30}	3	0.2612	比赛因故停滞或延后C_{113}	1	0.4561
						比赛时间提前C_{114}	3	0.2038
						对时间不适应C_{115}	2	0.3401
			气候与地理风险B_{31}	4	0.1664	运动员气候适应C_{116}	1	0.2914
						气候恶劣C_{117}	2	0.2810
						气候多变C_{118}	4	0.1664
						交通与生活不便C_{119}	3	0.2612
			裁判员风险B_{32}	1	0.2914	裁判员执裁不公C_{120}	2	0.2810
						裁判员业务素质不高C_{121}	4	0.1664
						裁判员存在歧视意识C_{122}	3	0.2612
						裁判员偏袒对手C_{123}	1	0.2914
			竞赛规则风险B_{33}	2	0.2810	竞赛规则不公平C_{124}	2	0.3714
						竞赛规则突然改变C_{125}	3	0.2276
						不利于己方运动员C_{126}	1	0.4010
教练员A_6	4	0.1610	管理能力风险B_{34}	2	0.2924	教练学历层次C_{127}	6	0.1545
						教练管理意识C_{128}	5	0.1601
						教练管理计划制订C_{129}	1	0.1810
						教练赛时指挥能力C_{130}	3	0.1677
						处理突发情况能力C_{131}	2	0.1752
						运动员位置合理性C_{132}	4	0.1615
			人际关系风险B_{35}	3	0.2631	教练人际交往能力C_{133}	3	0.2478
						教练与运动员关系C_{134}	2	0.3412
						对教练的满意度C_{135}	1	0.4110
			业务素质风险B_{36}	1	0.3112	教练运训知识掌握C_{136}	2	0.2312
						教练执教经验C_{137}	1	0.2510
						教练战术掌握C_{138}	4	0.1851
						教练技能掌握C_{139}	5	0.1313
						教练对对手掌握能力C_{140}	3	0.2014
			责任意识风险B_{37}	4	0.1330	教练的法律法规意识C_{141}	3	0.2478
						教练的职业意识C_{142}	2	0.3412
						教练的责任意识C_{143}	1	0.4110

（三）运动员培养风险计量体系指标分值

确定俱乐部培养运动员风险计量体系的指标权重后，在遵循全面性、客观性原则的基础上根据其具体指标权重计算出各项评价指标所占的分值。具体计算方法如下：俱乐部培养运动员所有风险计量指标总分值为100分，再根据总分值乘以一级指标的权重得出各一级指标的分值；接下来又以各一级指标的分值分别乘以其所包含的各二级指标的权重，即得出各二级指标的分值；以此类推，求得三级指标的分值。

以三级指标C_1计算为例：

C_1分值=100×A_1的权重×B_1的权重×C_1的权重=100×0.1800×0.0568×0.2038≈0.21（注：本指标体系分值保留2位小数，所有三级指标分值之和不等于100分是由四舍五入造成的）。按照此计算方法，得出俱乐部运动员人力资本投资风险计量体系中各指标所占的分值（见表11）。

表11　运动员人力资本投资风险计量体系指标分值

指标A	权重	指标B	权重	指标C	权重	分值
投资环境A_1	0.1800	国家政治风险B_1	0.0568	执政者稳定性C_1	0.2038	0.21
				政治制度稳定性C_2	0.3401	0.35
				法律法规稳定性C_3	0.4561	0.47
		国家经济风险B_2	0.1904	经济增长速度C_4	0.1635	0.60
				地区经济增长率C_5	0.1750	0.60
				财政税收制度C_6	0.1794	0.61
				经济制度变化C_7	0.3010	1.03
				经济政策变化C_8	0.1811	0.62
		国家文化风险B_4	0.1510	国家主流文化C_9	0.2380	0.65
				文化开放度C_{10}	0.3410	0.93
				体育思想文化发展C_{11}	0.4210	1.14
		人才供给风险B_5	0.1498	国家运动员人才供给C_{12}	0.4185	1.13
				地区运动员人才供给C_{13}	0.5815	1.57
		人才需求风险B_6	0.1815	市场运动员需求量C_{14}	0.3214	1.50
				行业运动员更新周期C_{15}	0.2774	0.91
				主流消费方向流动C_{16}	0.4012	1.31
		行业调整风险B_7	0.1794	体育管理体制变革C_{17}	0.2534	0.82
				体育发展政策调整C_{18}	0.2614	0.84
				国家扶持体育项目变更C_{19}	0.2915	0.94
				体育法律法规变更C_{20}	0.1937	0.63
		行业竞争风险B_8	0.0911	市场同类企业存量C_{21}	0.3612	0.59
				同类企业增量预测C_{22}	0.2178	0.36
				与竞争企业实力差距C_{23}	0.4210	0.69

续表

指标A	权重	指标B	权重	指标C	权重	分值
企业管理A_2	0.1814	管理能力风险B_9	0.1612	管理者学历C_{24}	0.1556	0.46
				管理者管理经验C_{25}	0.3416	1.00
				管理者战略意识C_{26}	0.2713	0.79
				管理者责任意识C_{27}	0.2315	0.68
		投资决策风险B_{10}	0.1754	投资决策正确率C_{28}	0.1925	0.61
				决策实施民主情况C_{29}	0.1445	0.46
				决策适宜企业情况C_{30}	0.1512	0.48
				决策符合国家趋势C_{31}	0.1610	0.51
				决策是否符合法规C_{32}	0.1808	0.58
				决策符合市场趋势C_{33}	0.1700	0.54
		运动员选材风险B_{11}	0.1500	运动员天赋条件C_{34}	0.2974	0.81
				运动员对项目的适宜性C_{35}	0.2812	0.77
				选材测试方法的科学性C_{36}	0.1915	0.52
				选材测试结果的真实性C_{37}	0.0286	0.08
				运动员运动发展预测C_{38}	0.2013	0.55
		培养规划风险B_{12}	0.1212	训练目标确立的合理性C_{39}	0.2516	0.55
				运动训练计划的科学性C_{40}	0.2814	0.62
				运动训练实施的可行性C_{41}	0.2311	0.51
				运动训练实施保障C_{42}	0.0849	0.19
				运动训练实施的严格性C_{43}	0.1510	0.33
		激励机制风险B_{13}	0.1300	激励机制数量C_{44}	0.1836	0.43
				激励机制的公平性C_{45}	0.2432	0.57
				激励机制的有效性C_{46}	0.2918	0.69
				激励机制的合理性C_{47}	0.2814	0.66
		运动员配置风险B_{14}	0.1221	人员数量培养合理性C_{48}	0.6452	1.43
				人员位置安排科学性C_{49}	0.3548	0.79
		管理资金风险B_{15}	0.1401	管理资金满足情况C_{50}	1.0000	2.54

续表

指标A	权重	指标B	权重	指标C	权重	分值
运动员自身A_3	0.2012	运动员参赛风险B_{16}	0.2010	运动员体能水平发挥C_{51}	0.1200	0.49
				运动员技术水平发挥C_{52}	0.1101	0.45
				运动员战术水平发挥C_{53}	0.0904	0.37
				运动员心理素质C_{54}	0.1512	0.61
				运动员参赛经验情况C_{55}	0.1742	0.70
				运动员比赛伤病情况C_{56}	0.1911	0.85
				运动员自身行为控制C_{57}	0.1630	0.66
		运动员信用风险B_{17}	0.1915	运动员责任意识C_{58}	0.2014	0.78
				运动员大局意识C_{59}	0.1851	0.71
				运动员守信意识C_{60}	0.2510	0.97
				运动员法律意识C_{61}	0.1313	0.51
				对工作的满意度C_{62}	0.2312	0.89
		运动损伤风险B_{18}	0.1412	运动员防范伤病意识C_{63}	0.1313	0.37
				运动员伤病防范措施C_{64}	0.1851	0.53
				运动员伤病积累情况C_{65}	0.2014	0.57
				运动员原有伤病程度C_{66}	0.2312	0.66
				运动员赛中伤病情况C_{67}	0.2510	0.71
		运动员训练风险B_{19}	0.1746	运动员训练努力程度C_{68}	0.1321	0.46
				运动员训练水平C_{69}	0.1520	0.53
				运动员对训练满意度C_{70}	0.1056	0.37
				训练计划完成情况C_{71}	0.1212	0.43
				运动员心理变化C_{72}	0.1114	0.39
				运动员行为克制C_{73}	0.0901	0.32
				对教练员满意度C_{74}	0.1411	0.50
				运动损伤防范能力C_{75}	0.0798	0.28
				运动员训练出勤率C_{76}	0.0667	0.23
		运动员流动风险B_{20}	0.1612	对薪酬待遇满意度C_{77}	0.1810	0.59
				对工作环境满意度C_{78}	0.1601	0.52
				人际关系处理情况C_{79}	0.1545	0.50
				对管理制度满意度C_{80}	0.1752	0.57
				运动员跳槽机会多少C_{81}	0.1677	0.54
				对激励机制满意度C_{82}	0.1615	0.52
		运动员家庭因素B_{21}	0.1305	运动员家庭经济情况C_{83}	0.3010	0.79
				运动员家庭幸福程度C_{84}	0.1708	0.45
				运动员与亲人联系便捷性C_{85}	0.2742	0.72
				亲人对运动员工作要求C_{86}	0.2540	0.67

续表

指标A	权重	指标B	权重	指标C	权重	分值
参赛对手A_4	0.1251	对手体能风险B_{22}	0.1612	对手体能充沛C_{87}	0.3510	0.71
				惧怕对手身体素质C_{88}	0.2468	0.50
				对手比赛表现优良C_{89}	0.4022	0.81
		对手技术风险B_{23}	0.1500	对手技术发挥超常C_{90}	0.2914	0.55
				对手技高一筹C_{91}	0.2810	0.53
				对手技术熟练C_{92}	0.1664	0.31
				对手技术运用熟巧C_{93}	0.2612	0.49
		比赛经验风险B_{25}	0.1754	对手参赛经验丰富C_{94}	0.2914	0.64
				对己方研究透彻C_{95}	0.2612	0.57
				对环境适应性强C_{96}	0.2810	0.62
				突发情况处理能力强C_{97}	0.1664	0.37
		对手伤病风险B_{26}	0.1401	对手伤病防范意识强C_{98}	0.5740	1.00
				对手赛前未积累伤病C_{99}	0.4260	0.75
		自我管理风险B_{27}	0.1300	对手赛前准备充分C_{100}	0.4022	0.65
				对手纪律意识强C_{101}	0.2468	0.40
				对手自我防范意识强C_{102}	0.3510	0.57
		对手战术风险B_{28}	0.1221	对手战术意识强C_{103}	0.2014	0.31
				对手战术运用成熟C_{104}	0.1851	0.28
				对手战术采取精辟C_{105}	0.1313	0.20
				未接触过对手采取战术C_{106}	0.2312	0.35
				对手战术压制己方C_{107}	0.2510	0.38
		对手心理风险B_{29}	0.1212	对手心理素质好C_{108}	0.1851	0.28
				对手自信心强C_{109}	0.1313	0.20
				对手感觉极佳C_{110}	0.2510	0.38
				对手心理放松C_{111}	0.2014	0.31
				对手心理适应性强C_{112}	0.2312	0.35

续表

指标A	权重	指标B	权重	指标C	权重	分值
参赛环境A_5	0.1513	比赛时间与地点B_{30}	0.2612	比赛因故停滞或延后C_{113}	0.4561	1.80
				比赛时间提前C_{114}	0.2038	0.81
				对时间不适应C_{115}	0.3401	1.34
		气候与地理风险B_{31}	0.1664	运动员气候适应C_{116}	0.2914	0.73
				气候恶劣C_{117}	0.2810	0.71
				气候多变C_{118}	0.1664	0.42
				交通与生活不便C_{119}	0.2612	0.66
		裁判员风险B_{32}	0.2914	裁判员执裁不公C_{120}	0.2810	1.24
				裁判员业务素质不高C_{121}	0.1664	0.73
				裁判员存在歧视意识C_{122}	0.2612	1.15
				裁判员偏袒对手C_{123}	0.2914	1.28
		竞赛规则风险B_{33}	0.2810	竞赛规则不公平C_{124}	0.3714	1.58
				竞赛规则突然改变C_{125}	0.2276	0.97
				不利于己方运动员C_{126}	0.4010	1.70
教练员A_6	0.1610	管理能力风险B_{34}	0.2924	教练学历层次C_{127}	0.1545	0.73
				教练管理意识C_{128}	0.1601	0.75
				教练管理计划制订C_{129}	0.1810	0.85
				教练赛时指挥能力C_{130}	0.1677	0.79
				处理突发情况能力C_{131}	0.1752	0.82
				运动员位置合理性C_{132}	0.1615	0.76
		人际关系风险B_{35}	0.2631	教练人际交往能力C_{133}	0.2478	1.05
				教练与运动员关系C_{134}	0.3412	1.45
				对教练的满意度C_{135}	0.4110	1.74
		业务素质风险B_{36}	0.3112	教练运训知识掌握C_{136}	0.2312	1.16
				教练执教经验C_{137}	0.2510	1.26
				教练战术掌握C_{138}	0.1851	0.93
				教练技能掌握C_{139}	0.1313	0.66
				教练对对手掌握能力C_{140}	0.2014	1.01
		责任意识风险B_{37}	0.1333	教练的法律法规意识C_{141}	0.2478	0.53
				教练的职业意识C_{142}	0.3412	0.73
				教练的责任意识C_{143}	0.4110	0.88

（四）运动员培养风险计量体系的实际应用

制定俱乐部培养运动员风险计量体系的最终目的，是要将其运用到当前俱乐部进行运动员人力资本投资的风险管理工作中去。通过各种指标对不同类型运动员培养风险的指标进行定性与定量相结合的科学评估，以明晰俱乐部培养运动员面临的各种风险的重要程度，进而有针对性地提出运动员人力资本投资风险管理工作的重点，采取有效的风险规避策略。

课题组指定的运动员培养风险计量体系在实际工作中的具体运用方法如下：表10所示内容，包括俱乐部投资运动员人力资本面临的各种风险计量指标，其中呈现了各指标的序位、相应的指标权重，基于这些内容可以对不同风险指标进行考量，并得出相应风险的重要性。表11进一步给出了不同指标在所有风险中所占的分值，管理者以此可更加清晰地明确相应风险的重要性。并依据此分值标准对运动员人力资本投资的所有风险进行打分评价，根据所得总分值整体上判断面临的投资风险的大小，进而提出有针对性的风险防范措施。

第五章 俱乐部培养运动员风险的分析与防范

在俱乐部培养运动员的过程中，由于运动员人力资本投资周期长、不间断、成本高、运动员主观能动性强等多因素的影响，俱乐部进行运动员人力资本投资需要承担巨大的风险。而对于俱乐部而言，获得运动员人力资本投资收益的关键就是要对其投资风险进行成功规避与防范。因此，作为运动员人力资本投资的主导者，俱乐部方必须自始至终重视运动员投资风险问题的管理。如果俱乐部在培养运动员的过程中，能够对内外因素进行科学分析和预测，制订科学、可行的运动员培养方案，则可避免运动员人力资本投资的风险事件影响俱乐部生产经营活动的正常进行。或者说，俱乐部对运动员培养风险有相对科学的认知，对其风险产生原因、类别及发展变化的趋势进行整体把握，则可能为俱乐部规避或减少运动员投资风险带来的经济损失。

在俱乐部培养运动员过程中，要想科学、清晰地认识运动员投资风险，达到减少和规避其风险给自身带来经济损失的目的，只有建立健全、全面、系统的运动员人力资本投资风险防范机制，才能保证进行运动员人力资本投资过程中沿着俱乐部预期的经济效益方向发展。基于此，本章将在第四章所制定的“俱乐部培养运动员风险计量体系”的基础之上，运用SWOT矩阵分析法对俱乐部运动员培养风险进行“优势、劣势、机会、威胁”分析，论述了俱乐部投资运动员人力资本的收益与风险的相互关系。在结合俱乐部培养运动员所有风险的同时，从俱乐部管理者、运动员、教练员和社会保障体系四个角度构建俱乐部培养运动员风险的防范体系。针对此，提出“科学分析运动员人力资本投资环境，提高运动员人力资本投资管理者水平，确定科学的运动员人力资本投资组合比例，依法依律进行运动员人力资本投资，健全‘以人为本’的运动员激励机制，加强运动员的心理监控与思想引导，实施运动员人力资本投资的社会保险制度的运动员培养风险防范机制。俱乐部培养运动员风险的防范需要遵循“依据风险计量体系进行风险评估，确定投资风险的类别及原因，选择投资风险的处理措施，完善投资风险的规避体系”的规避程序。

一、俱乐部培养运动员风险的SWOT分析

SWOT矩阵分析法是源于管理学的一种企业管理方法，如今这种方法已经应用于各个领域。同样，SWOT矩阵分析法也适用于俱乐部培养运动员风险的分析管理。所谓的SWOT矩阵分析法是指是用来分析企业发展所具备的竞争优势、竞争劣势、机会、威胁，从而在此基础之上将公司的战略资源和公司的内部资源、外部环境有机结合起来的一种科学的分析方法[56]。与其他分析方法相比较，SWOT矩阵分析法具有明显的结构化和系统性特点。结构化方面，首先在形式上，SWOT矩阵分析法表现为构造“S、W、O、T”的结构矩阵，矩阵不同区域的内容具有不同的意义。在SWOT的内容方面，其主要理论基础便强调从结构剖析着手对企业内外环境进行系统分析，具有严密的系统性特征。其中，“S、W、O、T”分别代表企业发展所面临的竞争优势、竞争劣势、机会、威胁，“S、W”主要分析企业的内部条件，“O、T”则用于分析企业面临的外部挑战。

“俱乐部培养运动员风险”这一整体事物，各种风险事件发生的概率存在显著差异，不同时期、不同地点俱乐部进行运动员人力资本投资面临的风

险事件也不尽相同。所有风险中，有的是来自俱乐部内部（S、W）的因素，有的则是源于俱乐部经营所处的外界（O、T）环境。本部分基于SWOT矩阵分析法对俱乐部培养运动员风险的投资优势、投资劣势、投资机会和投资威胁进行矩阵分析。

（一）俱乐部运动员风险投资的优势和劣势

竞争优势是指组织机构的内部因素，通常包括企业组织俱乐部的有利竞争态势、充足的财政来源、良好的企业形象和技术力量、规模经济、产品质量、市场份额、成本优势、广告攻势等基本优势。俱乐部培养运动员带有典型的人力资本投资属性，也属于典型的风险投资类型。要想成功规避或降低运动员人力资本投资风险事件，为俱乐部经营带来较大的经济收益，俱乐部综合实力非常重要。随着我国市场经济发展不断成熟和深化，我国职业体育发展面临的市场竞争压力将会不断增大，尤其是近年来，我国各地广泛兴起了职业体育发展热潮，出现了各种类型的职业体育俱乐部，在这种趋势下，“优胜劣汰”将成为职业体育市场发展的常态，体育俱乐部能否成功生存下去并发展壮大的关键则是自身的综合竞争力。因此，运动员人力资本投资作为一项高风险、高成本、长周期的投资形式，俱乐部在投资的过程中必须与自身实力紧密结合起来，才能实现持续发展。此外，俱乐部进行运动员人力资本投资，俱乐部自身层面的风险作为重要风险来源，风险应对能力本身与俱乐部实力成正比关系，而一旦风险事件发生，应对风险的能力就与俱乐部实力密切相关。综上所述，俱乐部在进行运动员人力资本投资过程中，要客观地对自身的实力进行估量，科学分析自身具备的竞争优势。俱乐部进行运动员风险投资的优势分析一般包括投资运动项目竞争力、运动员影响力、自身发展规模、经济实力、俱乐部市场影响力、管理团队实力、管理制度优越性等。俱乐部进行运动员人力资本投资之前，准确地对自身拥有的这些竞争优势进行分析之后再做出科学决策，才能将投资风险降到最低。

竞争劣势也属于组织机构的内部因素，一般包括企业机构的设备老化、管理混乱、技术落后、关键技术缺乏、产品质量低劣、资金不足、市场份额低、产品积压或过剩、竞争力差等。俱乐部在做培养运动员这种风险投资之前，其需要对自身存在的各种劣势进行客观分析，才能在清楚自身不足的基础上做出科学的投资决策。在俱乐部培养运动员过程中，分析自身存在竞争劣势的主要目的是评估出内部潜在的风险因素，明确自身的风险承担能力。通常，俱乐部培养运动员过程中，评估的竞争劣势包括薪资待遇低、市场份额少、自身影响力低、运行资金不足、经营运动项目消费潜力小、运动员影响力低、教练员水平不高、运动员数量过多、管理方式落后等内容。这些内容都是运动员人力资本投资风险的重要来源和风险类型，俱乐部采取投资决策之前必须对其有比较清晰的认识。

（二）俱乐部运动员风险投资的机会和威胁

机会和威胁作为组织机构经营面临的外部环境，对其进行分析对于组织机构采取正确的人力资本投资决策、规避与防范投资风险具有重要意义。

组织机构经营的竞争机会是指在经营活动进行的过程中，原有的外部环境或外部环境的突然改变有利于组织机构的经营活动，或者是外部环境的改变为组织机构的经营发展带来了新的机遇。组织机构竞争的外部机会一般包括新产品的诞生、科技革命的到来、新市场的形成、新需求的形成或者是需求量的扩大、经营发展障碍的解除及竞争对手失误等内容。而组织机构的发展威胁是指阻碍或限制其经营发展的各种因素的总和，通常包括竞争对手的出现或增加、竞争对手实力增强、外部制度性障碍、产品市场需求缩小、国家宏观环境恶劣（政治、经济、文化、社会不稳定等）、消费者消费趋向转变等内容。

俱乐部培养运动员作为一项经济性投资活动，其经营发展与外部环境紧密相连，如当前随着国务院将“促进体育产业体育消费发展”和“健康中国”建设上升为国家战略之后，未来一段时期我国体育企业的经营发展必将迎来新的发展机遇，同样，在国家积极推行供给侧结构性改革的背景下，我国体育经济领域也必将兴起一场供给侧结构改革浪潮。经济经营活动成功的重要因素就是抓住商机和规避环境劣势，对于俱乐部培养运动员而言，外界环境带来的投资机遇和经营障碍同样对其成功经营发展的实现至关重要。俱乐部在进行运动员人力资本投资之前，需要对俱乐部培养运动员面临的外界机遇和环境劣势进行科学的分析，以避免错失投资商机和规避环境劣势因素，从而提高俱乐部的经营效益。一般而言，俱乐部进行运动员人力资本投资面临的外界环境风险主要包括国家政治风险、国家经济风险、国家文化风险、人才供给风险、人才需求风险、行业调整风险、行业竞争风险七大类，具体涉及执政者稳定性、政治制度稳定性、法律法规稳定性、经济增长速度、地区经济增长率、财政税收制度、经济制度变化、经济政策变化、国家主流文化、文化开放度、体育思想文化发展、国家运动员人才供给、地区运动员人才供给、市场运动员需求量、行业运动员更新周期、主流消费方向流动、体育管理体制变革、体育发展政策调整、国家扶持体育项目变更、体育法律法规变更、市场同类企业存量、同类企业增量预测、与竞争企业实力差距共23类。其中，尤以经济风险、人才供给风险和行业结构调整风险三类影响最大。因此，俱乐部进行运动员人力资本投资之前，需要对投资面临的相关外界环境进行科学分析，明确外界环境对相关运动员人力资本投资是利还是弊。遇到有利于其运动员人力资本投资的外界环境之时，要善于通过投资环境的变化来抓住投资商机，采取适当的投资决策，在投资风险最低的情况下争取相关国家政策的扶持、制度的优惠等来提升运动员人力资本投资的经济收益。遇到不利于其运动员人力资本投资之时，则要冷静对待，在分析可能存在的最大风险损失的前提下，采取有效的风险规避措施，慎重做出运动员人力资本投资决策，降低投资损失风险。

二、俱乐部运动员投资收益与风险的关系

对于俱乐部运动员人力资本投资而言，正确认识运动员培养的风险度，实施有效的规避机制是其管理工作的重点。前文所述运动员培养风险计量体系中，已对运动员人力资本投资效益的风险因素进行了量化描述，求证了不同风险因素的重要程度，为规避运动员培养风险提供了有力依据。本节将继续在运动员培养风险计量体系的基础上从定量与定性角度探索运动员人力资本投资风险与投资效益获得的关系。

（一）运动员投资收益与风险关系的定性描述

投资的效益回报率（以下简称效益率）和投资风险的大小程度（以下简称风险度）是任何资本投资价值的两个重要因素，投资效益率是反映资本投资效益获取的大小指标，投资风险度是资本投资获取预期经济收益的可靠性程度，或者说预期收益事件实现的概率大小。通常资本投资风险度相等的同种资本投资，其获得的投资收益也相同。投资风险越大的资本投资项目收益获得越高，投资风险越小的投资收益相对较少。对于俱乐部进行运动员人力资本投资同样存在相似原理，运动员资本投资风险与投资收益也存在这样的关系（见图2）。

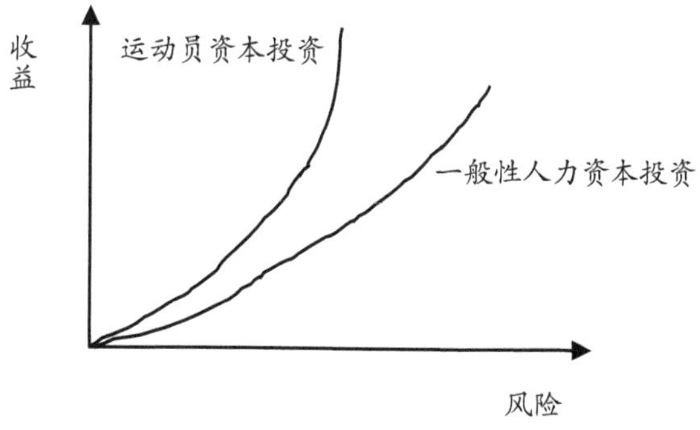

图2　运动员资本投资与一般性人力资本投资收益—风险曲线（成本相同）

当然，俱乐部培养运动员的投资对象是人——运动员，存在一定的特殊

性，这种特殊性正是由运动员层面的风险因素造成的。例如：一般性人力资本投资中，企业对投资人力资本的成本费用较低，其收益获得的风险就较小。而对高层管理人才或者是稀缺专业技术人才进行投资，其耗费的投资成本将较高，收益获得风险就相对较大。所以，一般性人才资本投资相对特殊性尤其是对稀缺性人力资本投资而言，由于其投资成本较大，投资风险也相对较高，投资收益的获得风险也更大。这种现象的根源是，一般性人力资本投资企业可进行较多的条件约束，投资风险容易管控。而特殊性或稀缺性人力资本投资，企业对其采取的条件性约束相对有限，风险管控难度相对较大，应对风险事件发生的概率也较大。运动员培养是对其专业技能进行投资，因其人才的专业性和稀缺性，俱乐部方难以实行像对一般性员工那样多的管理约束措施，来自运动员层面的风险也比一般性员工大得多。因此，俱乐部进行运动员人力资本投资具有约束条件有限、风险因素更多、风险管控更难的特点。但也正是运动员技能的市场稀缺性和专业性，使运动员人力资本投资相比一般性人力资本投资具有高收益的特点。

（二）运动员投资收益与风险关系的定量描述

投资风险度和投资收益率是用来描述资本投资价值大小不可或缺的两个因素。俱乐部进行运动员人力资本投资时，除预测运动员人力资本投资的效益率之外，还要分析运动员投资可能存在的潜在风险因素及这些风险因素的影响参数值，只有这样才能准确地分析运动员人为资本投资预期，最大限度地降低投资风险，实现预期投资效益目标。根据前面俱乐部培养运动员风险的计量体系，我们可以得出各投资风险在整个风险体系中的重要程度，但我们很难对运动员培养收益的整体风险进行准确估量。为此，要准确计算运动员培养投资收益的整体风险，我们需要先厘清投资收益与风险的一般数量关系：如公式（5）中，$R_{实}$代表实际运动员投资的收益值，t为第t年，n为投资总时间，R_t为预期投资效益值，i为已投资成本率。

$$R_{实} < \sum_{t=1}^{n} \frac{R_t}{(1+i)^t} \tag{5}$$

$$R_{实} < \sum_{t=1}^{n} C_t (1+i)^t \tag{6}$$

公式（5）还可以通过公式（6）进行标示：$R_{实}$代表实际运动员投资的收益值，t为第t年，n为投资总时间。C_t 为第t期已垫付成本，i为已投资成本率。这种公式表明运动员人力资本投资实际收益小于预期收益时，俱乐部就存在培养运动员风险，其风险大小与实际收益与预期收益之间的差值呈正相关。

俱乐部进行运动员人力资本投资的时候，通过前面的培养风险计量体系和运动员投资风险与收益的相互关系可以厘清“人力资本投入、运动员投资对象、运动员投资收益产出”三者之间的关系。三者关系的梳理，就明晰了俱乐部培养运动员风险的防范途径。运动员投资收益影响因素的系统分析是规避其投资风险的前提，二者存在以下关系：① 俱乐部培养运动员的预期收益影响因素是其培养风险产生的原因。运动员培养风险也就是指运动员投资预期收益获得的不确定性，这种不确定性产生的原因就是培养风险的成因。在实际的俱乐部培养运动员过程中，影响预期投资收益的影响因素众多，这些因素就属于培养风险的基本范畴。研究运动员投资收益影响因素的过程实际上就是确定运动员培养风险种类的过程。② 对运动员培养预期收益影响因素的全面系统分析是建立培养风险规避与防范的基础。建立俱乐部培养运动员风险的规避机制要以预防措施为主，从风险源上制止促成风险因素发展的因子，才能有效规避运动员培养风险，保障运动员投资预期收益的获得。③ 运动员投资收益影响因素的分析为其培养风险的规避提供了依据。通过对运动员培养收益获得的影响因素进行系统分析后，虽然我们明确了运动员培养的相关风险，但并不能代表在实际的运动员培养中，我们就能有效地规避风险。如运动员的突然损伤、跳槽等风险都是俱乐部无法提前预知的。所以，对于俱乐部运动员投资的管理者而言，明确收益影响因素和投资风险，对相应风险及时采取控制措施，尽量防止风险出现和蔓延、加重趋势，是俱乐部管理者需要具备的基本能力。对于相对风险一定要及时采取规避措施，并尽量减少绝对风险的发生概率。

三、俱乐部运动员培养风险的防范体系

俱乐部运动员培养风险的防范机制构建，必须建立在科学完整的防范体系基础之上。而运动员培养风险防范体系的构建必须以预防与降低运动员培养风险事件发生的概率为目标，在全面兼顾、理论与实际相结合、以人为本、科学可行、重点突出等原则的基础上进行。所谓的全面兼顾原则是指在运动员培养风险防范体系构建的过程中，要在俱乐部培养运动员风险计量体系的基础之上，兼顾各方面的风险指标，做到防范体系全面、风险考虑不遗漏。理论与实际相结合原则是指制定运动员风险防范体系的过程中，不仅要结合相关人力资本投资理论和风险管理理论知识，还要结合实际俱乐部培养运动员的过程中面临的各种风险，做到防范体系针对于实际问题，为丰富运动员风险管理理论和实际风险管理服务。以人为本原则是指运动员培养风险防范体系的制定必须坚持以运动员为中心，做到为运动员考虑，减少运动员层面风险。科学可行是指制定的运动员培养风险防范体系必须在实际生活中可用，具有可操作性，运用于运动员培养的实际案例。重点突出原则是指在制定运动员培养风险防范体系过程中，必须根据“俱乐部培养风险计量体系”对不同风险指标按重要程度进行排列，重点对可防范、影响大的风险因素进行防范与规避。全面兼顾、理论与实际相结合、以人为本、科学可行、重点突出这些原则是制定俱乐部培养运动员风险防范体系必须坚持的准则，应严格贯彻执行。

俱乐部培养运动员风险防范体系的构建必须建立在“俱乐部培养运动员

风险的计量体系”基础之上，整体上对各种风险指标进行把握，明确各种风险指标的重要程度及其来源，进而根据其特点划分相应的矩阵构建防范体系。根据课题组制定的俱乐部培养运动员风险的计量体系可以得出，俱乐部培养运动员的风险主要来自俱乐部层面、运动员层面、教练员层面和外界环境四个方面，而制定其防范体系则应以俱乐部管理为基础、运动员防范为核心、教练员综合能力提升为关键、社会保障体系为保证（见图3）。

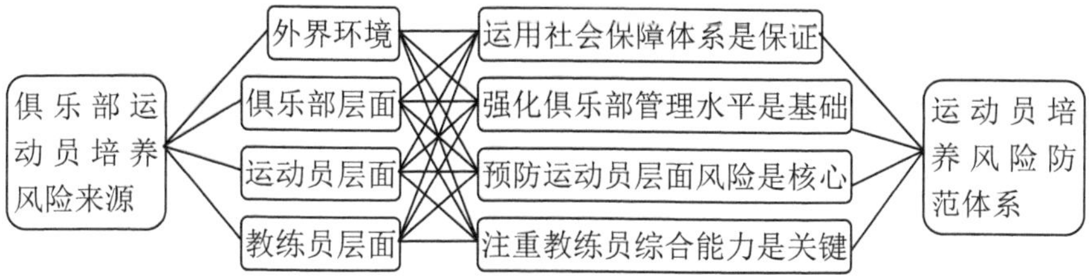

图3　俱乐部运动员培养风险防范体系

（一）强化俱乐部运动员投资管理是基础

通过课题组制定的俱乐部培养运动员风险的计量体系分析可知，投资环境风险和企业管理风险都与俱乐部的管理水平具有一定的直接和间接关联。这两方面风险源涉及国家政治风险、国家经济风险、国家文化风险、人才供给风险、人才需求风险、行业调整风险、行业竞争风险、管理能力风险、投资决策风险、运动员选材风险、培养规划风险、激励机制风险、运动员配置风险、管理资金风险共14个二级指标，执政者稳定性、政治制度稳定性、法律法规稳定性、经济增长速度、地区经济增长率、财政税收制度、经济制度变化、经济政策变化、国家主流文化、文化开放度、体育思想文化发展、国家运动员人才供给、地区运动员人才供给、市场运动员需求量、行业运动员更新周期、主流消费方向流动、体育管理体制变革、体育发展政策调整、国家扶持体育项目变更、体育法律法规变更、市场同类企业存量、同类企业增量预测、与竞争企业实力差距、管理者学历、管理者管理经验、管理者战略意识、管理者责任意识、投资决策正确率、决策实施民主情况、决策适宜企业情况、决策符合国家趋势、决策是否符合法规、决策符合市场趋势、运动员天赋条件、运动员对项目的适宜性、选材测试方法的科学性、选材测试结果的真实性、运动员运动发展预测、训练目标确立的合理性、运动训练计划的科学性、运动训练实施的可行性、运动训练实施保障、运动训练实施的严格性、激励机制数量、激励机制的公平性、激励机制的有效性、激励机制的合理性、人员数量培养的合理性、人员位置安排的科学性、管理资金满足情况共50个三级指标。且两方面的风险因素分别为总风险因素的第二、三位，占到总风险分值的36.14%，属于典型的高风险事件。因此，俱乐部培养运动员风险防范体系构建必须强化俱乐部的管理水平，以提高俱乐部投资管理者的决策能力为基础。

（二）预防运动员层面风险是核心

运动员作为俱乐部人力资本投资的核心要素，俱乐部预期经济收益获得的关键在于运动员培养的成败，因而运动员层面的风险管理显得十分重要。根据“俱乐部培养风险的计量体系可以得出，所有风险因素中，运动员层面的风险处于第一位，占比分值达20.12%。具体涉及运动员参赛风险、运动员信用风险、运动损伤风险、运动员训练风险、运动员流动风险、运动员家庭因素6个二级指标，运动员体能水平与发挥、运动员战术水平与发挥、运动员心理素质、运动员参赛经验情况、运动员比赛伤病突发情况、运动员自身行为控制、运动员责任意识、运动员大局意识、运动员守信意识、运动员法律意识、运动员对工作的满意度、运动员防范伤病意识、运动员伤病防范措施、运动员伤病积累情况、运动员原有伤病程度、运动员赛中伤病情况、运动员训练努力程度、运动员训练水平、运动员对训练的满意度、运动员训练计划完成情况、运动员训练中心理变化、运动员训练中行为克制、运动员对教练员满意度、运动员运动损伤防范能力、运动员训练出勤率、运动员对薪酬待遇满意度、运动员对工作环境满意度、运动员人际关系处理情况、运动员对管理制度满意度、运动员跳槽机会多少、运动员对激励机制满意度、运动员家庭经济情况、运动员家庭幸福程度、运动员与亲人联系便捷性、家人对运动员工作要求共35个三级指标。所以，在俱乐部培养运动员风险防范体系的构建中，应以预防运动员层面的风险为核心。

（三）注重教练员综合能力是关键

如前所述，教练是俱乐部培养运动员过程中除运动员之外的又一重要人员，承担着运动员选材、运动员管理、运动训练开展、运动训练计划制订、比赛指挥等职责。在整个运动员人力资本投资过程中，教练也扮演着运动员管理者的角色，关系相对紧密。根据俱乐部培养运动员风险计量体系也可以分析得出，教练也是俱乐部导致运动员人力资本投资风险的重要因素。教练方面的风险主要包括教练管理能力风险、教练人际关系风险、教练责任意识风险、教练业务素质风险，风险主要涉及教练学历层次、教练管理意识、教练管理计划制订、教练赛时指挥能力、教练处理突发情况能力、运动员位置合理性、教练人际交往能力、教练与运动员关系、运动员对教练的满意度、教练运训知识掌握、教练执教经验、教练战术掌握、教练技能掌握、教练对对手掌握能力、教练的法律法规意识、教练的职业意识、教练的责任意识等内容。教练员层面风险属于总投资风险的第四位风险因素，占比分值为16.10%。此外，参赛对手风险事件的发生也与教练有一定的关系，综合能力强的教练具有关注与掌握对手情况的战略意识，也具有了解对手情况的有效方法和手段。可见，教练层面的风险也属于较高概率的风险事件，其风险规避与防范对俱乐部实现预期运动员价值意义重大。有关教练员的风险因素规避，关键在于提升教练的综合能力，如专业知识能力、执教能力、训练经验、人际交往等，只有这样才能有效地规避与预防因教练因素而导致的风险事件。

（四）充分运用社会保障体系是保证

社会保障体系是指国家通过立法而制定的社会保险、救助、补贴等一系列制度的总称，是一个国家最重要的社会经济制度之一。其作用在于保障全社会成员基本生存与生活需要，特别是保障公民在年老、疾病、伤残、失业、生育、死亡、遭遇灾害、面临生活困难时的特殊需要。其手段和途径是由国家通过国民收入分配和再分配实现，包括由社会福利、社会保险、社会救助、社会优抚和安置等各项不同性质、作用和形式的社会保障制度构成整个社会保障体系。在我国，现行的社会保障体系通常包括各种商业保险、人身保险、住房保障、最低生活保障、工作保障等内容。对于俱乐部运动员培养风险而言，社会保障体系几乎是所有风险防范与规避的最后屏障，也是最直接、最有效、最可信的一种最低风险预防方式。对于运动员而言，由于工作性质的特殊性，需要各方面的保障体系预防风险事件的发生，以免除运动员的后顾之忧。因此，俱乐部培养运动员风险防范体系的构建应以充分运用现有社会保障体系功能，尽量免除运动员工作的后顾之忧和降低俱乐部运动员人力资本投资的风险损失，比如俱乐部为运动员购买“五险一金”。社会保障体系是俱乐部规避与防范运动员投资风险事件发生的基本手段，也是保证俱乐部投资运动员人力资本损失风险得到一定程度规避的最行之有效的办法。

四、俱乐部培养运动员风险的防范机制

俱乐部培养运动员作为一种风险投资类型，要想获得理想的预期收益必须建立健全运动员培养风险培养机制。通过前面的分析我们得知，俱乐部培养运动员风险因素众多、涉及领域宽泛复杂，建立健全俱乐部培养运动员风险的防范机制必须在“俱乐部运动员培养风险计量体系”基础上，立足其风险防范体系，从俱乐部、运动员、教练员和社会保障体系四个角度提出针对性的风险预防措施。对于俱乐部培养运动员风险防范之事，须尽力做到预防、规避与降低相结合，全面兼顾、突出重点，只有这样运动员培养风险才

有可能降至最低，俱乐部运动员投资预期经济收益实现概率亦会更大。

（一）科学分析运动员人力资本投资环境

运动员人力资本投资环境整体上可分为宏观环境和微观环境两种类型。与俱乐部进行运动员人力资本投资相关的宏观环境主要涉及国家政治环境、经济环境和文化环境；微观环境主要有体育管理体制、体育经济与产业发展、社会体育文化氛围、运动员人才供给、运动员人才市场需求、体育领域（行业）结构调整、体育行业发展竞争等。无论是上述宏观环境还是微观环境的相关内容的发展变化，都会对俱乐部培养运动员的经济活动产生直接或间接的影响。尤其是国家体育管理体制改革、体育制度变更、体育法律法规的颁布与废止、与俱乐部同类型的企业发展经营状况等，这些与俱乐部培养运动员直接相关的投资环境对其运动员投资活动的影响是不可回避的，也是重大的。因此，对于俱乐部而言，无论是在运动员人力资本投资决策实施之前，还是在运动员人力资本投资的过程中，都应对投资环境进行客观、科学的分析，如此才能够对来自投资环境层面的风险采取科学有效的预防与规避措施，实施正确的投资决策，从而保证降低俱乐部培养运动员因投资环境风险而带来的经济损失。

一方面，在运动员投资活动开展之前，要明晰原有的投资环境，对其进行客观、全面的分析。从所处的投资环境中分析相应运动员投资必定存在的风险、潜在风险，以及环境提供的投资优势、可能带来的投资利益，这样能够在把握总体投资风险的基础上科学估计投资收益与风险的关系，做到收益绩效与风险度尽量匹配。另一方面，在运动员投资活动进行的过程中也要及时关注投资环境的发展变化。投资环境层面的风险多数是因其突然向不利于其自身投资的方向偏离，且俱乐部是无法主导投资环境的这种突然性变化的，带来的投资损失也是投资之前难以预知的。因此，俱乐部在培养运动员过程中，同样需要对投资环境实时关注，尤其是对于微观层面的环境要重点关注。一旦具有突然不利于运动员培养的投资环境出现，投资者一定要对相应投资环境风险做出及时反应，认清投资环境风险的类型及来源，对其可能带来的经济损失做出预判，从而多渠道、及时地采取相应风险规避措施，尽可能降低环境变化带来的经济损失。

（二）提高运动员人力资本投资管理者水平

管理学将“管理”定义为管理主体组织和利用相应要素（人、财、物、信息和时空），通过一定的途径、手段、方法及形式等完成或实现某种预期目标的过程。管理活动实施的主体可能是国家、某个组织、一个单位，也可能是相关非正式组织和单位。具体实施管理活动的一般情况下为个人，也就是通常所谓的管理者，多个管理者则组成了我们常见的管理团队。管理活动实施的手段（方法、方式、途径及形式）一般有强制、交换、惩罚、激励、沟通与说服等。整个管理活动从头到尾实施的过程则包括确定管理规则（章程、制度）、配置管理资源、确立与分解目标、管理组织实施、管理过程控制（检查、监督与协调）、管理绩效评估、管理总结与处理（奖惩）七个环节。

对于俱乐部培养运动员而言，运动员培养管理活动必不可少、极其重要，其管理活动的开展等同于运动员培养风险管理，其实质就是运动员人力资本投资风险的预防与规避。因此，任何职业体育俱乐部在培养运动员的过程中，都要重视运动员人力资本投资管理工作。因为在俱乐部培养运动员的风险因素中，几乎所有风险都与俱乐部的管理相联系，俱乐部对运动员人力资本活动的管理水平直接决定了投资风险发生的多少和各风险指标发生的概率，最终直接影响的是运动员投资预期收益能否实现和整个俱乐部的经营效益。所以，可以毫不夸张地认为俱乐部的管理工作水平提升是整个运动员培养风险防范的核心。而俱乐部运动员培养管理活动实施职责的最终归属者是管理者（包括个人管理和团队管理），因此提升俱乐部运动员人力资本投资管理活动水平的核心是要提升运动员人力资本投资活动管理者的管理水平。

运动员人力资本投资活动管理者管理水平的提升涉及的具体要求是综合管理能力的提升。由于管理工作与运动员培养的各种风险都有或多或少的联系，其管理者面临的不仅有运动员和教练员，而且还涉及投资环境分析和社会保障体系运用。所以，运动员资本投资活动管理者需要有较强的人际沟通能力、环境分析能力、风险管理能力、灵活应变能力及决策判断能力。这些能力对管理者的经济学、行为学、管理学、风险学、逻辑学等综合知识的掌握与运用要求极高，专业性突出。

基于此，俱乐部可以采取以下措施提升运动员资本投资活动管理者的综合管理能力：① 重视相关理论知识学习。活到老，学到老。对于俱乐部运动员资本投资活动管理者而言，投资活动管理工作需要多学科的理论知识做支撑，管理者只有具备丰富的理论知识之后，才能够对各种管理事件应对自如，才能够灵活处理与运动员和教练员之间的关系，才能够对时事环境变化做出科学分析，才能够在明晰社会保障体系的基础上将其充分利用。所以，管理者自身需要根据工作需要完善自身的相关理论知识，以便在实际管理活动中为其提供理论指导；对于俱乐部而言，俱乐部方应该为运动员资本投资活动管理者提供各种渠道的学习机会，如相关专家学者教学、高校进修学习、国外深造等途径，从而提升管理者的管理理论知识水平。② 注重管理经验的积累与学习。理论知识学习的最终目的是应用于实践，为实践服务。俱乐部运动员投资管理同样如此，需要重视运动员投资管理工作经验的总结，在实践中实现进步。此外，无论是管理者还是俱乐部都要重视其管理经验的学习和积累，通过学习其他俱乐部运动员资本投资管理和相关人力资本投资管理经验，在充分吸收外来经验的基础上结合自身运动员投资实际，实现管理工作绩效的提升。③ 管理者要实时关注投资环境变化。投资环境层面的风险是俱乐部培养运动员风险的重要来源，影响重大，运动员资本投资活动管理者不能封闭管理，要实时关注相关投资环境的变化，培养对资本投资活动环境的观察与分析能力。④ 处理好与运动员和教练员之间的关系。运动员作为其管理对象的核心，其存在的潜在风险巨大，投资效益能否实现的关键也是运动员。教练员作为培养运动员的直接人员，是增加运动员核心价值的关键人物。因此，对于管理者而言，管理活动的直接对象就是这两类人，最终管理目标也是在运动员和教练员身上实现。管理者必须重视与运动员、教练员的和谐人际关系的建立，及时了解二者诉求，才能从根源上减少投资风险事件发生的概率，降低二者风险带来的投资损失。⑤ 善于运用社会保障体系规避与降低风险（后文详述）。

综上所述，运动员资本投资活动管理者管理水平提升的关键在于提升综合管理能力，包括投资环境分析能力、投资决策实施能力、人际交往能力、社会保障体系运用能力、理论知识水平与运用能力等。

（三）确定科学的运动员人力资本投资组合比例

一般而言，企业或组织进行人力资本投资之时，在相同的投入条件下的人力资本投资效益水平是不一定相同的。这是由于不同的人力资本投资组合会带来不同的投资效益增量，从而造成总投资效益水平存在一定的差异，这种差异性可以通过前部分制定的俱乐部培养运动员风险计量体系得到验证。因此，确定科学的运动员人力资本投资组合是俱乐部进行运动员培养风险规避的重要内容之一。

所谓的确定科学的投资组合就是指在进行运动员培养的过程中，找出运动员人力资本投资不同内容的最佳投资比例，在最佳投资比例关系下进行运动员人力资本投资俱乐部获得的投资效益可实现最大化。确定最佳投资组合采用的传统方法是利用边际产出和边际成本等值的数学方法确定最佳比例关系，但在现实的运动员人力资本投资过程中，运动员培养内容众多，投资不同的运动项目或不同的运动员产出的比例差异巨大，更为复杂的是不同因素内容之间还存在相互关联的关系，使得运用传统的边际效益确定法变得难以实行。因此，俱乐部在确定运动员人力资本投资比例时要着重研究不同投资内容带来效益的大小，依据不同内容的重要性、不同投资内容的投资风险大小、不同投资内容的投资发展趋势及市场需求等因素综合考虑并确定适宜的投资比例组合。本课题制定的俱乐部培养运动员风险计量体系对运动员人力资本投资面临的风险进行了较为系统的衡量，从中可以看出不同风险因素的重要性程度，据此可以为俱乐部确定运动员人力资本投资比例组合提供一定的帮助。

（四）依法依律进行运动员人力资本投资

俱乐部进行运动员人力资本投资过程中，来自运动员和俱乐部双方的信用风险因素众多，且信用风险一旦发生，对于俱乐部而言，带来的损失是巨大的，是其他风险因素远远不及的。如运动员“失信跳槽”事件一旦发生，则意味着俱乐部将承担之前运动员所有的投资成本损失，因此防止信用风险发生十分重要。而法律法规对避免信用风险相关的投资风险具有重要的意义。一般而言，一个国家从法律法规的角度对企业与员工的关系做出了详细的规范与约束，对员工和企业双方的利益保护起着重要作用。对于企业而言，在进行人力资本投资过程中，利用相关法律法规可以在很大程度上避免投资者肆意破坏企业投资利益，降低人力资本投资风险，保护企业合理合法的人力资本投资效益，增加企业进行人力资本投资的信心和风险损失的保障。而对于被投资者而言，相关法律法规在保护企业投资利益的同时也维护了被投资者的利益，使被投资者在合理合法的范围内享受应得的利益。比如，《中华人民共和国劳动法》不仅在劳动者合法权益方面做了明确规定，而且对企业的合法利益也做出了相应的规范，这无疑有益于保护企业和员工双方的利益，减少投资风险的发生概率。

人才流失是企业进行人力资本投资面临的主要风险之一，对于俱乐部培养运动员而言，运动员肆意跳槽，特别是俱乐部培养的核心运动员的流失已成为俱乐部进行运动员培养面临的巨大难题之一。但是，目前在我国专门约束人才流失的法律法规还不是十分完善，为避免俱乐部运动员人才流失而造成的运动员人力资本投资效益损失事件的发生，俱乐部可以在进行运动员培养之前与运动员签订服务年限契约或协议，用有力的法律法规保障俱乐部的正当权益。同时，俱乐部还可以与运动员签订保密协议，以保护俱乐部的正当权益。但运动员单方面无故违反或撕毁协议之时，俱乐部可根据相关法律法规申请司法保护，确保投资效益损失降到最低。

现如今，在市场经济条件下，企业进行人力资本投资的主要法律手段就是合同约束。一般而言，合同约束的途径主要有不披露协议和竞业避止协议。不披露协议是指规定员工在职期间发明创新等都归单位所有，员工无论在职期间或离职后都不得违约泄露商业秘密、重要商业机密等。竞业避止的立法在《中华人民共和国公司法》《中华人民共和国合同法》等法律法规中都有涉及，指在一定时期和范围内，通过相应立法使离开用人单位的人不得利用其获得的商业秘密为自己或他人获利。对于俱乐部培养运动员而言，运动员作为俱乐部工作的一种员工类型，同样掌握不少俱乐部相关的商业信息，为防止因运动员跳槽而给俱乐部带来经济损失，俱乐部应该利用相关法律法规保护上述相关合法利益。除此之外，虽然法律法规制定的主体是国家，但是企业的参与也是必不可少的，俱乐部应该积极参与人事劳动方面的立法建设，如向相关部门提出立法建议。俱乐部也应该加强自身的法律法规意识，善于运用法律手段维护自身的合法权益，这同时要求俱乐部具有熟悉法律法规、善于运用法律法规的管理人才。同时，俱乐部还要加强运动员的法律法规教育，提高运动员的法律法规认识，增强运动员在人力资本投资过程中的自我约束感，促进运动员依法依规办事风格的形成。

（五）健全“以人为本”的运动员激励机制

“以人为本”落实到俱乐部培养运动员的过程中，就是要求俱乐部管理运动员更加“人性化”，尊重运动员的切身利益，切实把俱乐部的经营发展和运动员的发展放在同等重要的位置。“以人为本”是对俱乐部管理运动员做出的方向性引导，降低运动员资本投资风险、提高运动员资本投资效益，决不能不考虑运动员的利益和发展；相反，尊重运动员的切身利益、尊重运动员的个性需求才是确保运动员培养效益持续增加的基础和关键。俱乐部在建立运动员培养风险防范体系的同时，应该对运动员的发展给予尊重和关注，制订有针对性的运动员培养风险防范措施。

在知识经济时代，人们逐渐认识到人力资本是比物质资本更为重要的生产要素，加大人力资本投资已经成为企业发展的共识。如何调动投资对象的积极性，淡化代理风险影响的一般途径是采取相应的激励机制。“以人为本”的激励措施不单纯是为了激发运动员的工作热情，提高运动员工作积极性和工作效率，更主要的是尊重运动员的个性和发展需求，站在与运动员共同发展、帮助员工实现人生价值的立场上进行激励。对于俱乐部而言，可采取调动运动员积极性的激励措施，主要包括业绩薪酬激励、工作环境激励、职业发展激励、领导艺术激励、正确的行为引导、维系运动员情感、培养运动员团队精神等。

1. 运动员薪酬激励

运动员作为俱乐部人力资本投资的组成部分，与一般员工一样，需要得到应有的投资收益，这是运动员最为基本的工作需求。对于俱乐部而言，建立公平公正的运动员薪酬制度本身就属于一个有效的激励手段，有利于降低运动员培养风险。丰厚的薪酬和福利待遇是吸引运动员、留住运动员的重要举措。著名杂志《财富》曾经对几家善待员工的企业进行了评价，得出企业留住员工的诀窍中最为主要且重要的一条便是善待员工、满足其个性发展需求。公平公正的运动员薪酬制度是善待运动员、尊重运动员个性发展需求的重要举措，在实施薪酬激励措施的过程中应该努力做到以下两方面：一是注意做到外部公平，即与同行业相比，其给予的薪酬待遇尽量不低于同行业其他俱乐部，甚至高出一些，做到薪酬待遇的外部公平。二是做到内部公平。俱乐部在运动员薪酬待遇方面，要制定出符合俱乐部实际情况的奖励薪酬制度，原则上按照工作岗位性质、运动员价值及运动员绩效多方面评比奖励，但同时也要尽量兼顾不同岗位待遇的平衡性照顾，避免由于内部薪酬分配不公导致运动员对俱乐部失去信心，发生跳槽事件，最终造成俱乐部运动员人才流失，带来投资风险。

2. 工作环境激励

为运动员提供优美、安全、健康和舒适的工作环境，保护运动员身体健康，减少事故发生，提升运动员工作舒适性对于提高运动员工作效率、服役寿命及归属感十分重要，最终为俱乐部带来投资效益回报。同时，俱乐部塑造良好的组织文化，将组织发展目标和运动员职业生涯结合起来，建立运动员的工作自豪感，这样不仅可以使运动员人力资本保值增值，更能提高运动员对俱乐部的满意程度，最大限度地降低运动员人力资本投资风险。

工作环境激励的最终目的是使运动员产生独特的工作体验，这与俱乐部本身的组织文化紧密相联。俱乐部进行运动员人力资本投资管理过程中，如果能让运动员感受到工作的愉悦感，就能很好地解决运动员与俱乐部之间的矛盾。对于此，俱乐部可以根据运动员的工作特点，以人性化为导向，转换运动员工作方式，使运动员在工作和训练中感受到俱乐部带来的温馨和快乐，而不是仅仅觉得自身被俱乐部强制性地约束和管理，从而提升运动员对俱乐部的归属感和使命感。因此，俱乐部采取工作环境激励最终应能够保证管理本身的客观性和运动员管理的“人本性”相结合，建立运动员对俱乐部长期的忠诚，降低运动员流失风险。

3. 运动员职业发展激励

职业发展需求对于每位工作者来说显得尤为重要。对于俱乐部而言，建立满足运动员自我实现需要的职业生涯规划，有利于运动员实现自我发展，相对于一生而言则可以降低运动员的求职成本，利于运动员稳定生活。俱乐部在培养运动员过程中，要注重运动员发展能力的开发和培养，不断完善运动员的个性，以满足运动员基本工作需求为出发点，例如让运动员参与一些俱乐部的日常管理工作或培养一些管理技能，都利于运动员以后的职业发展，使运动员一旦退役，具备再就业的基本素质。

同时，俱乐部还应不断丰富和增加运动员的工作内容，使运动员工作更具有挑战性，尽可能为运动员提供更多的发展机遇和工作轮换机会，使运动员的职业发展空间更大。例如可采取多渠道晋升制度，不拘一格提拔人才，设立长期的培训开发目标。各用人部门在很大程度上组织运动员专门培训活动，建立有效的运动员信息考评系统，从而增加运动员工作的积极性。

4. 领导艺术激励

管理不仅是一门科学，更是一门艺术。在俱乐部管理运动员的过程中，对管理者的管理能力要求也较高，特别是管理者的激励艺术。因为俱乐部管理者管理的对象多数是运动员，建立科学的运动员工作考评机制可以促进运动员管理活动的客观性，而领导艺术的激励则可以凸显人力资源管理的“人性化”，可以激发运动员的内在积极性和工作主动性。这样既能保证运动员管理工作的效率，同时也不会削弱运动员对俱乐部的满意度。此外，俱乐部管理者的艺术激励还能够增加运动员的创造力，保证组织创新能力，维持组织发展活力，从而确保管理活动的柔性和效率，顺利地应对多变的内外环境，降低运动员投资成本。

5. 实施正确的运动员行为导向

与运动员共同发展，提高俱乐部运动员人力资本投资的效益率是每个俱乐部追求的根本目标。此外，要想对各种投资风险最大限度地进行规避，俱乐部还必须站在长远的角度关注运动员的日常生活，帮助运动员养成良好的生活和工作习惯，这样不仅能够提高运动员的生活质量，降低家庭因素带来的影响，还能够提高运动员的健康水平，延长运动员服役时间。“以人为本”的引导主要是解决运动员健康资本存量不够和家庭因素对运动员的负面影响，也是从与运动员共生的角度出发提高运动员内在积极性的重要部分。运动员在工作和生活中难免养成许多不良习惯或存在一些困惑或困难，影响运动员人力资本投资效益的实现，因此必须引起重视。

（1）重视文体活动的开展。俱乐部在管理运动员的过程中，可以定期举办各种形式的文体娱乐活动，激发运动员参与的积极性，丰富运动员的业余生活。举办丰富多彩的文体活动可以从以下几个方面降低运动员培养风险：① 增强俱乐部所有运动员的团队凝聚力，提高运动员人力资本使用效率，降低运动员人力资本的使用风险。② 丰富运动员业余生活，提高运动员在俱乐部的归属感。各种形式的文体活动可以促进运动员与运动员之间的交流与合作，建立运动员的朋友圈，从而提升运动员对俱乐部的归属感，降低运动员因人际关系问题出现流失的情况。③ 提高运动员对俱乐部的满意度。俱乐部经常性地组织各种文体活动，特别是让运动员参与到文体活动中，可以建立俱乐部优质的组织文化，提高俱乐部的声誉，为运动员自我价值满足提供一个平台，降低运动员流失风险。

（2）举办各种类型的知识讲座。知识经济时代，对于人的发展而言都具有活到老学到老的特点。俱乐部组织各种类型的知识讲座，作用众多。一方面，让运动员不断学习进步，丰富运动员的知识；另一方面，俱乐部举办各种类型的知识讲座，其实质是对运动员的人文关怀，运动员感受到俱乐部的这种关怀后可以极大地提高运动员对俱乐部的满意度。如俱乐部定期向运动员开展健康知识讲座，一方面，可以让运动员了解健康方面的知识，促进运动员的健康意识提升；另一方面，健康知识讲座也相当于俱乐部给予运动员的一种福利待遇，运动员是可以切身体会到的，这样一来就会提升运动员对俱乐部的归属感，提升运动员的工作和训练效率，进而增加俱乐部运动员人力资本的投资收益。

（3）建立健全规范运动员合理竞争的机制。俱乐部对运动员的管理包括竞争意识的引导，防止运动员之间恶性竞争、矛盾激化，或者出现人际关系主导的无竞争现象。俱乐部在管理过程中，应该引入运动员竞争机制，引导和规范运动员之间进行良性竞争，这样才能够激发运动员的最大潜力，发挥出运动员的积极性和创造力。在此过程中，要建立公平、公正、公开的竞争评判机制，用市场经济的观念用人，做好运动员的评比、选拔和任用，实施相应的奖惩机制和办法，促进运动员之间合理竞争氛围的形成。

6. 建立和谐的人际关系

“以人为本”管理观的终极目的不仅是实现“以薪留人”，更重要的是能够“以情留人”。运动员作为具有主观意识活动的“人”，感情是最为基本的主观活动，因而让运动员有舒适的情感体验有时候超过薪资带来的价值。对于俱乐部管理运动员活动而言，建立管理者与运动员和谐的共生关系，才能从根本上减少运动员流失现象。俱乐部营造良好的留人环境，和谐的人际关系建立显得尤为重要。只有在建立和谐的人际关系基础之上，把运动员的希望和梦想与俱乐部的发展目标紧密地结合在一起，才能创造宽松的、适宜运动员生存的人际关系环境。当运动员身处和谐的人际关系网中时，运动员的心情将会变得愉悦，有利于加深运动员与俱乐部的情感和归属感，从而减少运动员“跳槽”的心理。

首先，关心运动员家庭。运动员作为俱乐部职工的同时也是家庭中的重要一员，运动员的很多心理想法和行为的产生都来源于家庭因素。因此，俱乐部应该摒弃单纯的雇佣关系理念，尊重运动员的个性需求，主动关心运动员的家庭，及时了解运动员家庭方面的各种困难，如住房条件、子女问题等，并施以援助助。这样一方面能够让运动员体会到俱乐部方面的诚心，提升运动员对俱乐部的忠诚度；另一方面可以提高运动员对俱乐部的满意度，有利于运动员集中精力参与俱乐部经营活动，提高运动员工作和训练效率。

其次，建立俱乐部与运动员之间的信任。常言道：“人无信不立，法无信而不施。”俱乐部与运动员之间建立较高的信任度十分重要，这样能从运动员方面获得其真实需求，在此基础之上制订有针对性的应对措施，这样的激励措施才会更有效、更持久。在市场经济环境中，建立企业的公信力意义重大，对于俱乐部同样如此，俱乐部应该在面对市场环境的过程中积极树立自身诚实守信的形象，在针对内部运动员的过程中也应该重视信任度的建设。只有运动员充分信任俱乐部后，俱乐部在培养运动员的过程中其信用风险发生的概率才有可能降至最低。如俱乐部要如实履行与运动员之间的劳动协议，按时支付运动员相应的薪酬，对运动员的相关承诺必须严格履行，否则运动员则有可能因此失去对俱乐部的信任，引发运动员对俱乐部的不满，从而造成运动员流失风险事件的发生。

再次，帮助运动员进行职业规划。运动员职业生涯较短，因此俱乐部在培养的过程中还要切实为运动员退役后的生活和工作着想，最大限度地降低运动员对未来生活的担忧，使其全心全意地投入工作。为此，俱乐部应该体现出人文情怀，在培养的过程中注重对运动员未来生活、工作进行规划，给予运动员自信心，让运动员体会到俱乐部的关怀。因此，俱乐部在进行运动员人力资本投资过程中，可以根据运动员自身特点对其未来进行规划，培养社会生存能力，减少运动员对退役后工作的担忧。

最后，对退役运动员实施一定的奖励。在俱乐部规避运动员培养风险的过程中，不仅要对在职运动员风险进行规避，还要采取相应的奖励办法对退役运动员给予一定的奖励。这种奖励的目的主要在于通过对退役运动员的奖励，产生一种“示范效应”，让在职运动员体会到俱乐部对于运动员的重视，激发运动员的工作热情。运动员作为俱乐部人才的核心要素，其一切活动都会影响到俱乐部经营效益的实现，因此，俱乐部应该承认每位运动员对俱乐部发展做出的贡献，根据贡献大小在退役之时给予相应的奖励。这种激励一方面能够彰显俱乐部的责任意识和人文情怀，另一方面也是俱乐部调动在职运动员工作积极性的有效举措。

7. 注重团队精神的树立

团队精神是指在俱乐部内部全体成员具有的大局意识、协作精神和服务精神，是俱乐部团队实力的集中体现。在俱乐部培养运动员管理活动中，俱乐部管理者与运动员之间的协作状态和运动员间的协作互助情况，二者具有同等重要性。体育赛事进行过程中，运动员的团队协作本身就是赛事制胜的重要因素，俱乐部培养运动员同样如此，俱乐部的根本目的是经营职业体育赛事，而在其过程中所有运动员的团队协作能力就显得十分重要，很多时候决定着一场体育赛事的成败，直接影响到俱乐部经营效益的实现。俱乐部管理者与运动员之间的团队协作情况也是如此，只有管理者与运动员之间融洽相处才更有利于团队目标的实现，更有利于俱乐部预期经济效益的获得。因此，对于俱乐部运动员人力资本投资管理活动而言，强大的团队精神有利于降低运动员人力资本投资成本和风险。

在俱乐部培养运动员的现实情况中，运动员的个体行为可能是分散的，需要俱乐部管理者加以控制，将运动员个体行为与集体行为融合起来，形成强大的团队实力。有时候，运动员的群体行为也不一定与俱乐部的目标方向一致，此时也需要管理者协调俱乐部目标与运动队的目标。团队精神所产生的隐性控制能力，是通过管理者对运动员加以协调而形成的一种观念的力量，去约束、规范和控制运动员的个体行为。这种控制是将控制运动员的行为转换为控制运动员的意识，由控制运动员的短期行为转换为控制运动员的长期价值观，使其与俱乐部的目标相协调，达到内化控制的一种管理行为。因此，团队精神的培养对于俱乐部运动员人力资本投资活动管理而言，更具有持久意义，更易深入人心。

培养俱乐部与运动员之间和运动员与管理者之间的团队协作精神必须在尊重运动员和管理者个性的基础之上，把有效的协同合作作为管理的核心，把全体管理者和运动员的向心力、凝聚力加以最佳结合作为最终目标。团队精神反映的是运动员、管理者个体利益与俱乐部整体利益的协调融合情况，只有不同主体利益形成有机统一才能保证俱乐部的高效率运转。团队精神的形成，并不是单纯地要求牺牲运动员或管理者的个人利益，相反是在尊重其个人利益的基础上提升团队实力，让个体获得更多的利益。俱乐部进行运动员人力资本投资的过程中，培养团队精神需要建立互信的文化氛围，相互信任对于俱乐部整体发展而言不仅易于降低沟通成本和增加沟通效率，还会增加个体对俱乐部的情感认可。而个体对俱乐部的情感认可，不仅是俱乐部营造相互信任的基础，更是组织团队精神建立的必要条件。因此，团队精神在俱乐部培养运动员风险的规避与防范过程中起着十分重要的作用，俱乐部必须重视团队精神的培养。

（六）加强运动员的心理监控与思想引导

个体的行为受到心理和思想因素的主导，个体心理和思想一般会产生相应的个体行为，因此心理和思想因素的监控与引导对控制个体行为具有重要意义。运动员作为特殊群体，其工作受到思想和心理因素影响明显，不同的思想和心理因素会对运动员的工作产生不同的影响。根据前部分制定的“俱乐部培养运动员风险计量体系”可以看出，由于运动员的主观思维意识活动，在俱乐部进行运动员人力资本投资的风险中，根源于运动员特定心理和思想的风险因素众多，且不易控制。因此，在俱乐部运动员人力资本投资的管理活动中，需要重视运动员的心理监控和思想引导，从源头杜绝和防范投资风险，提高俱乐部运动员人力资本投资的效益回报率。

一方面，全方位、经常性地掌握运动员的心理和思想变化。人的心理和思想的变化受到多方面因素的影响，对于俱乐部培养的运动员更是如此。影响运动员的心理、思想变化的主要因素有感情、家庭、生活、经济及周围的亲朋好友等，这些因素都会随时影响运动员的心理和思想变化，且运动员的心理、思想变化又具有突发性。一旦运动员产生不利于体育比赛或运动训练的心理、思想行为，就可能直接影响正常训练和体育比赛的进行，进而对俱乐部预期经济收益的实现形成阻碍。所以，俱乐部在管理运动员的活动中，要注重对运动员的心理、思想变化的掌握，及时、全方位地了解运动员的各种心理、思想变化，这样有利于俱乐部提前预防和规避来自运动员心理、思想层面的投资风险。如俱乐部可定期在运动员群体中进行各种心理健康方面的测试，用科学的方法分析运动员的心理变化。同时，安排专门的人员深入运动员生活和训练中，向运动员询问生活、训练情况，及时掌握和了解运动员的思想变化。针对运动员不同的心理和思想方面的变化，俱乐部可开展专门性、针对性的心理、思想方面的引导工作，促进运动员心理和思想健康。

另一方面，开展各种类型的心理健康和思想教育讲座。俱乐部运动员职业的特殊性决定了运动员在日常生活和工作中承担着较大的心理方面的压力，尤其是高强度的体育比赛对运动员的心理和思想素质要求极高。运动员时常承担着较大的心理压力，在工作和生活中稍不注意就会形成心理问题，不利于运动员的健康发展，更不利于俱乐部运动员人力资本投资预期收益的实现。因此，俱乐部应该重视对运动员心理和思想方面的教育和引导，经常性地在运动员群体中开展各种类型的心理、思想方面的健康知识讲座，提高运动员的心理和思想素质，增强运动员队伍抵御非健康心理和思想问题的能力。俱乐部可以定期聘请专业心理健康和思想教育方面的专家、学者，或者到专业医院邀请一些相关心理医生，以在运动员群体中普及和传播相关心理健康和思想引导方面的知识。

（七）充分运用我国现有的社会保障体系

通常所谓的社会保障体系是指国家通过立法而确立的各种社会保险、救助、补贴等系列制度的总称。社会保障制度是现代国家重要的一种社会经济制度，其具有保障全体国民基本生活与生存需求，特别是针对年老、疾病、伤残、失业、生育、死亡、遭受意外灾害、特殊生活困难群体等，国家可为这些群体提供最基本的生活生存需要，保障各种困难群体的基本生活需求。社会保障制度通常通过国民收入分配和再分配的形式实现，一般包括各种形式的社会福利、社会保险、社会救助、社会优抚和安置等内容，这些内容共同构成了国家的社会保障体系。发展至今，社会保障体系的完善与否已经成为衡量一国综合实力的重要指标，社会保障体系越完善表明该国人民生活质量越高。改革开放以来，随着我国经济社会的不断发展，我国的社会保障体系不断完善，如今基本形成了多内容、多形式的能够保障苦难群体的社会保障体系。相应群体享受相应的社会保障既是我国法律赋予公民基本的权利，也是政府必须承担的义务。

对于俱乐部培养运动员而言，充分运用社会保障体系防范与降低运动员人力资本投资风险是行之有效的手段。相应的社会保障可以保障运动员基本的生活生存需求，各种形式的社会保险能够在一定程度上预防和降低运动员意外损伤或者运动员失业，甚至是死亡的经济损失，分担俱乐部承担的经济压力。俱乐部为运动员购买各种形式的社会保险，运用各种社会保障工具，一方面，能够在一定程度上减少运动员对未来生活的担忧，对意外损伤、失业等方面的顾虑，让运动员全心投入俱乐部工作；另一方面，一旦意外情况发生，购买社会保险之后，俱乐部承担的经济风险可能降至最低。现如今，对于任何组织尤其是职业体育这种特殊行业来说，购买社会保险，充分运用各种社会保障工具，已经成为企业规避与防范投资风险的重要手段。因此，俱乐部在进行运动员人力资本投资过程中，要充分了解国家的各种社会保险、社会保障制度，运用各种类型的社会保险工具降低其投资风险。例如，当前我国各行业为员工购买的“五险一金”（养老保险、医疗保险、失业保险、工伤保险和生育保险及住房公积金），一方面降低了企业承担的各种经济风险，另一方面为员工提供最基本的生活生存保障。可以说，“五险一金”的购买，无论是对于企业还是员工而言都是有利的，免除了双方各自的后顾之忧，很大程度上防范和降低了企业和员工的投资风险与工作风险。所以，俱乐部应该充分利用我国现有的社会保障体系，针对运动员购买适宜的社会保险，保障运动员的生活需求，降低与防范俱乐部面临的各种投资风险。

五、俱乐部培养运动员风险的规避程序

俱乐部培养运动员风险因子众多，涉及范围广泛，要有效地规避或降低投资风险对俱乐部经营活动的影响，必须实施一套有效的培养风险规避法则。首先应对投资风险进行评估，其次是得出风险的种类及发生原因，再次是针对风险采取相应处理措施，最后是健全风险规避的体系。

（一）依据风险计量体系评估风险

第四章中阐述了“俱乐部培养运动员风险的计量体系”的相关内容，全面系统地对当前俱乐部运动员人力资本投资面临的投资风险进行了分析，并且对各投资风险指标的重要程度进行了量化分析，得出了相应风险指标在整个计量体系中所占的分值情况。此风险计量体系具有两方面的作用：一方面，是俱乐部在进行运动员人力资本投资之前，可用此计量体系对其投资的风险程度进行总的评价，从宏观上掌握投资风险大小；另一方面，是在俱乐部发生投资风险事件的时候，可根据此风险计量体系，对应地寻找出相应风险的重要性程度。因此，对于俱乐部而言，运动员培养风险的第一步是根据“俱乐部培养运动员风险的计量体系”对相应运动员投资面临的整体风险大小或所发生风险事件的重要程度进行评估。

（二）确定投资风险的类别及原因

通过“俱乐部运动员培养风险计量体系”确定目前俱乐部进行运动员人力资本投资面临的风险等级后，对俱乐部运动员培养风险大小有了一定的认识。接下来就是要结合“俱乐部运动员培养风险计量体系”，找出各种投资风险的构成情况、风险属性、风险来源、风险成因及风险类别。一般来说，俱乐部面临的投资风险不只一个，是多样、多因素的，整体来看，各投资风险一般来自宏观环境层面、俱乐部管理层面和运动员层面三个方面。

（三）选择投资风险的处理措施

确定俱乐部培养运动员面临风险的种类及原因之后，俱乐部管理者就可以采取相应措施来减弱或消除这种风险的水平。不同类别的风险的发生原因及来源不尽相同，处理措施也不同，比如来自宏观环境方面的风险可采取的处理措施是极其有限的，而来自俱乐部管理层面的风险则多数是可以通过一定的措施进行规避或降低风险损失程度的。但是，从某一方面来讲，俱乐部培养运动员面临的风险是不能仅仅依靠某种单一的解决方法和途径的，应该综合利用多种方法对风险进行预防和规避。对大概率事件的风险应该重点规避，采取有针对性的措施解决。

（四）完善投资风险的规避体系

在俱乐部培养运动员的过程中，每一次的风险评估和解决都会留下宝贵的经验和教训，这些经验和教训都为俱乐部完善运动员投资风险的预防与规避体系提供了宝贵的素材，在应对现有运动员人力资本投资风险的过程中，采取措施消除或弱化现有风险并不是俱乐部当前工作的全部重点。如何预防相应风险再次发生，则成为俱乐部应对现有风险的出发点和落脚点。俱乐部也必须在风险应对的过程中不断积累风险应对的经验，以不断提高俱乐部防范运动员培养风险的能力，提高风险预防的有效性，使企业人力资本投资活动走进一个良性的循环。

第六章 结论与建议

第一，我国当前的职业体育俱乐部属于典型的商业性企业，俱乐部培养运动员的实质是企业进行的人力资本投资。投资有风险，基于竞技体育行业性质的特殊性，俱乐部培养运动员更具有典型的商业性人力资本投资风险。其投资的基本特点是高风险与高收益，因而正确处理运动员培养风险与收益之间的关系是当前我国职业体育俱乐部进行运动员人力资本投资面临的主要难题，解决此难题亦是推动我国职业体育发展的关键所在。

第二，我国职业体育起步较晚，相较于欧美发达国家，我国职业体育正处于快速发展的阶段，管理经验不足、发展规模较小、行业制度不全、国际影响力低、专业人才缺乏等是其主要特点。无论是产业发展实践还是相关学术界，对职业体育俱乐部培养运动员方面的探索涉及的内容都不多，而现阶段主要依靠的理论仍是国际主流的人力资本投资相关理论和风险管理理论。因此，当前我国各界亟须探索运动员人力资本投资方面的理论，为职业体育发展实践提供理论指导。

第三，俱乐部培养运动员属于典型的风险性人力资本投资，其风险主要来源于外界环境、俱乐部管理和运动员层面三个方面。俱乐部培养运动员的风险具有风险来源的复杂性、风险变化的难以预见性、风险类型的多样性、一定的规律性及培养风险的可控与不可控的双重属性。俱乐部进行运动员培养，各种培养风险的形成主要受到运动员主观意识活动、竞技体育活动的特殊性、人力资本投资活动的复杂性和时代环境与人力资本投资的关联性影响，这些因素既是运动员培养风险的形成原因，同时也是影响因素。俱乐部在培养运动员的过程中，应对投资风险的来源、特性及致因和影响因素等内容进行全方位的把握，为其风险防范提供理论基础。

第四，俱乐部培养风险计量体系的制定十分重要，是其风险防范体系制定的基本依据。在制定风险计量体系的过程中，应该坚持定性与定量相结合的方法，制定出科学、可行的风险计量体系。在俱乐部培养风险计量体系制定的过程中，应坚持全面系统、简明科学和可行的基本原则。课题组最终制定出如表11的俱乐部培养运动员的风险计量体系，根据该体系可以对俱乐部培养运动员的各种风险的重要程度进行衡量，也可用于对俱乐部培养运动员的过程中的整体风险程度的计量。

第五，俱乐部培养运动员的过程中，其风险规避应该遵循“依据风险计量体系评估风险—确定风险类型及原因—选择投资风险处理措施—完善投资风险规避体系”的基本程序。俱乐部运动员人力资本投资风险的防范体系建立应遵循“强化俱乐部运动员投资管理是基础，预防运动员层面风险和注重教练员综合能力是核心，充分运用社会保障体系是保证”的体系构成内容。防范机制主要包括科学评估运动员人力资本投资环境，提高运动员人力资本投资管理者水平，确定科学的运动员人力资本投资组合比例，依法依律进行运动员人力资本投资，健全“以人为本”的运动员激励机制，加强运动员的心理监控与思想引导，充分运用我国现有的社会保障体系等。

参考文献

[1] 王武年. 中国运动员人力资本投资及其产权制度研究[M]. 江苏：江苏大学出版社，2011：4.

[2] T. W. SCHULTZ. investment in Capital Human[J]. Amerrican Econnmic Review，2013（1）：65-76.

[3] 王建民. 人力资本生产制度研究[M]. 北京：经济科学出版社，2001：48-50.

[4] 李万来. 从人力资本理论看运动员的经济价值[J]. 体育文化导刊，2002（3）：37-38.

[5] 丁栋虹. 异质型人力资本报酬递增本质——兼与丁栋虹教授商榷[J]. 当代经济管理，2009（8）：68-72.

[6] 李建民. 人力资本通论[M]. 上海：上海三联书店，1999：41-43.

[7] 李忠明. 人力资本：一个理论框架及其对中国一些问题的解释[M]. 北京：经济科学出版社，1999：28-30.

[8] 杨建文，张虎祥. 兰州市高校实施课外体育活动俱乐部模式的可行性研究[J]. 卫生职业教育，2005（11）：14-17.

[9] 周爱光，闫成栋. 职业体育俱乐部社会责任的特征与内容[J]. 北京体育大学学报，2012，35（10）：6-9.

[10] 黄晓灵，黄菁. 职业体育俱乐部的经营收益[J]. 体育学刊，2005，12（1）：42-45.

[11] 邓雪震，韩新君. 论中国职业体育俱乐部的法律治理及其核心理念与建构[J]. 西安体育学院学报，2014（11）：657-661.

[12] 邱伟昌，李南筑，杨为民，等. 风险投资进入我国青少年业余足球运动员培养领域的分析[J]. 体育科研，2007，28（3）：29-33.

[13] 秦文宏，黄军海. 上海竞技体育后备人才的基础培养状况及风险——典型案例分析[J]. 上海体育学院学报，2012，33（4）：55-57.

[14] 游容凡. 我国艺术体操运动员参赛风险识别、评估及应对[D]. 北京：北京体育大学，2011.

[15] 石岩. 我国优势项目高水平运动员参赛风险的识别、评估与应对[D]. 北京：北京体育大学，2004.

[16] 邱凯. 竞技体育后备人才培养风险预警及规避策略研究[D]. 武汉:武汉理工大学，2013.

[17] 蒋春梅. 我国运动员保险的供求分析[D]. 成都：西南财经大学，2012.

[18] 全海英，孔维峰. 我国女子蹦床运动员参赛风险的评估与SWOT矩阵分析[J]. 北京体育大学学报，2008，31（9）：1287-1289.

[19] 石岩，吴慧樊. 运动员参赛心理风险的理论建构[J]. 体育与科学，2009，30（1）：57-63.

[20] 刘佳，高颀. 我国优秀艺术体操运动员邓森悦的损伤风险评估[J]. 中国体育科技，2014，50（2）：17-23.

[21] 韩新君，翁家银，韩新红，等. 对构建运动员权利保障体系的研究[J]. 广州体育学院学报，2005，25（6）：64-70.

[22] 王平远. 产权、效率、运动员培养模式探讨[J]. 中国体育科技，2010，46（5）：89-108.

[23] 王月华. 我国冬季测量类项目运动员参赛风险评估与控制机制研究[D]. 大连：辽宁师范大学，2012.

[24] 杨拥军，凌平. 浙江省职业体育俱乐部运动员保险现状及发展对策研究[J]. 杭州师范大学学报（自然科学版），2009，8（1）：70-74.

[25] 编者. 性质[EB/OL]. [2018-03-27]. http：//baike. baidu. com/item/性质.

[26] 编者. 企业[EB/OL]. [2018-03-27]. http：//baike. baidu. com/link?url=-KP1I07X53CrqEH47rXGidD4ZSpiT-f-Haw6RUFzo3_-O8YFsjxSBZasUJVPsHcMZlxYSw7RLmxyusQFLGdeTqvvG6f69yLuGWDQ8qCRBGC.

[27] 杨爱仙. 经济学和法学视角下的企业概念诠释[J]. 商业时代，2010（7）：64-65.

[28] 董开军. 论我国企业的概念及其法律定义问题[J]. 江苏社会科学，1991（4）：33-37.

[29] 编者. 企业种类[EB/OL]. [2018-03-28]. http：//baike. baidu. com/link?url=o4HRBpy_oF1yEqOJSq6dhbtJkZ9HAGXZtxMkyH_wJSBc2LDl-3I5f82UODwrRZWDk86NsP0Hz4qxZAJvDtlLY7dKf3jtfKjJebbd907YxaZUD91gaTooo1jb-_0QObAo.

[30] 编者. 企业特征[EB/OL]. [2018-03-29]. http：//baike. baidu. com/link?url=jC9n2nORH332ZOiWU7BOZhkEiq0tsJB-p58c--7OM6kZxKRJUvplhoFR2VAl13vdV68DZAQwxEkDnbtVcdcn3v-Pn4bnZbFsYdO5mmTYzYCr89qhj05lyyLb_UEkK87g.

[31] 黄辉. 企业特征、融资方式与企业融资效率[J]. 预测，2009（2）：21-27.

[32] 李志彬. 人力资本与人力资本产权界定[J]. 河北企业，2014（7）：73.

[33] 付一辉. 人力资本概念研究[J]. 财会月刊，2007（3）：5-6.

[34] 才仁拉藏. 人力资本概念的提出及其特点[J]. 现代商业，2007（14）：129-130.

[35] 编者. 运动员[EB/OL]. [2018-07-24]. http：//baike. baidu. com/link?url=s50AI9uvJfyRsizyXekVvSfAb0Ik1Csq6MKaNPKi72RKxPbj4Tz-EP2Q4ReWC6-7AcUCDtBGEL7yAIwuGg32tdUJe5NeWZXMI0MsTWXxLNYRBT-BQzESlGgiRD1pfUWk.

[36] 朱平辉，黄长全. 投资风险管理[M]. 厦门：厦门大学出版社，2007：2-7.

[37] 编者. 政治[EB/OL]. [2018-08-01]. http：//baike. baidu. com/link?url=jvjAsnYVw1pE4xwboNKEgcnSuMkAszY-117z9mT9YiXBAa1hpRqmjiz21rVHt81jSosr4fhqNc89

41jx8TtmAOT5yijqhDfxWOizgBSDrqG.

[38] 何刚，乔国通. 人力资本投资效益测度、投资决策及其风险管理——基于我国中小型科技企业人力资本投资现状[M]. 厦门：厦门大学出版社，2013：163.

[39] 田麦久. 运动训练学[M]. 北京：人民体育出版社，2000：6-7.

[40] 编者. 流动[EB/OL]. [2018-08-06]. http：//baike. baidu. com/link?url=ljuCP-p5pXOU ijUpthPDjzcjh0i-R1pr89JV9_N0w1ahvlOVVvO2fyqWXb2xZLu627UDNcgYgIAmh2-t61qZ3PE qjiIkKmTSNRBCpbHR_Uq.

[41] 编者. 人才流动[EB/OL]. [2018-08-09]. a9Chj5x1mBpcebzjnyGGUSpCELu0WcWozXla7mBssOR8_WjDvULFXx3s999CbXJpfo5ivTUVseoiGNYojG7ehr.

[42] 编者. 信用[EB/OL]. [2018-08-09]. http：//baike. baidu. com/link?url=N78yIEowMdTXc7U hkwsoQbl-p7Pg8sU-Vyqt54dem6MEo9viNmfkgthlQblNBzL00y_YqvcjMmLPc2FN1Mj6XlwuzZxyOVT7UlF6JNhZc2u.

[43] 编者. 信用风险[EB/OL]. [2018-08-10]. http：//baike. baidu. com/item/信用风险.

[44] 编者. 贬值[EB/OL]. [2018-08-12]. http：//baike. baidu. com/link?url=34JaTluZuIkc_9FaStFpiKTzaNb0rjFMMA6xmnbQ-PH91Zf6TbPFJTT0Mq6UX1fcEOS5ooJuYRypqWtdHLRUQxiQoC8kY6sKhuCiJCYGFCW.

[45] 编者. 人力资本投资[EB/OL]. [2018-08-12]. http：//baike. baidu. com/link?url=9RddgmT47ui PeTxaL2GWeO_h-xMpNx4Yw8X72mLInwburygWC0OC0iebUYciMkncgvzxXChneg3cgPLF-uoPhx7m7bLwlJUlrIE6N-3jf0fT_0DoJWwvIfafArZJx8pJjfcpmIAAKt9Po6yq5u8zz_.

[46] 李湃清. 论企业人力资本投资的特性[J]. 中国外资，2012（23）：208.

[47] 崔沪，江伟. 企业集团人力资本投资特征分析[J]. 商业现代化，2006（15）：252-253.

[48] 隋鑫. 高技术产业人力资本投资——优势、绩效与风险管理[M]. 北京：经济管理出版社，2007：39-31.

[49] 编者. 复杂[EB/OL]. [2018-08-21]. http：//baike. baidu. com/item/复杂

/7270408.

[50] 编者. 复杂性[EB/OL]. [2018-08-22]. http：//baike. baidu. com/link?url=wA1ZULgOMeJrxqmFQbDo2Ac1YSkXzlcDNjZ7W99sZJ7-LSr8j33ro_AUhTq6pmmazCaTBJuYjVLzfAG6_Eh1b8uCDFImcgZ2wZUPqpe-HthqXs9MuvJBG1sI3-tzb0L2.

[51] 编者. 预见[EB/OL]. [2018-08-22]. http：//baike. baidu. com/link?url=yJdskNdxf5U3EVgaP9QGmMzp8l_ZddIbADkvn-bkFvf0NVcUQH3XLnoTFaAAGfTiublWDuZMcgTl3htNE7ZfskWdCD2MTftCmV3NRpP_WPW.

[52] 编者. 预见性[EB/OL]. [2018-08-24]. http：//baike. baidu. com/item/预见性.

[53] 编者. 层次分析法[EB/OL]. [2018-08-24]. http：//wiki. mbalib. com/wiki/层次分析法.

[54] 朱平辉. 投资风险管理[M]. 厦门：厦门大学出版社，2007：51-56.

[55] 编者. VaR方法[EB/OL]. [2018-08-27]. http：//wiki. mbalib. com/wiki/VaR方法.

[56] 编者. SWOT分析法[EB/OL]. [2018-08-28]. http：//baike. baidu. com/link?url=Q1OFIHce0myKwiZ00dbBnpF3TjJJvobxueRU-0PYJTcnrIFvLFT56Tq7yBqg7ZW42ykrFWCjMDrvmncVNcPIvNVs8rstAqe_DcJySLliVyCVtsh_vuPcfnFSMV68sJHsMjjHxqOtdU7NNO7aRQ3ZOSL_Q-XCtgTY-QKH1fZjswS.